템플턴 플랜

진정한 부자가 되기 위한 스물한 가지 삶의 원칙

템플턴 플랜
진정한 부자가 되기 위한 스물한 가지 삶의 원칙

초판   1쇄 펴낸날 2003년 4월 10일
개정판 1쇄 펴낸날 2020년 1월 10일
개정판 3쇄 펴낸날 2024년 6월 25일

지은이 존 템플턴
옮긴이 박정태
펴낸이 서정예
펴낸곳 굿모닝북스

등록 제2002-27호
주소 (10364) 경기도 고양시 일산동구 호수로 672 804호
전화 031-819-2569
FAX 031-819-2568
e-mail goodbook2002@daum.net

가격 12,000원
ISBN 978-89-91378-35-3 03320

*잘못된 책은 구입하신 서점이나 출판사에서 바꾸어 드립니다.

템플턴 플랜

진정한 부자가 되기 위한 스물한 가지 삶의 원칙

The Templeton Plan
21 Steps To Personal Success And Real Happiness

| 존 템플턴 지음 · 박정태 옮김 |

굿모닝북스

이 도서의 국립중앙도서관 출판예정도서목록(CIP)은 서지정보유통지원시스템 홈페이지(http://seoji.nl.go.kr)와 국가자료종합
목록 구축시스템(http://kolis-net.nl.go.kr)에서 이용하실 수 있습니다. (CIP제어번호 : CIP2019051462)

존 템플턴의 요약

스물한 가지 원칙은 단지 임의의 숫자입니다.
삶의 규범에 수백 가지가 있듯 성공과 행복을 향한 길 위에도
수백 가지의 원칙이 있을 것입니다.
하지만 여기 소개한 스물한 가지 원칙은
하나하나가 다 유익한 것들입니다.
나 자신이 실천해보았고 매우 좋은 결과를 얻은 것들입니다.
나의 삶에 도움을 주었다면 독자 여러분에게도
도움이 될 것이라는 즐거운 확신과 함께
이렇게 소개하는 것입니다.

차례 ··

존 템플턴의 머리말

내가 템플턴 플랜이라는 제목으로 이 책을 쓰고자 한 이유는 독자들이 행복한 삶과 여유로운 생활을 누릴 수 있도록 도와줄 일련의 원칙들을 제대로 제시한 책을 아직 발견하지 못했기 때문입니다. 나 역시 이 책에서 설명한 원칙들을 좀더 일찍 깨달았더라면 내 인생은 더욱 알차고 충실했을 것입니다. 모두 스물한 가지 원칙으로 나뉘어 있는 템플턴 플랜은 우리 세대의 모든 이들에게 성공을 향한 보다 명확한 지침이 되어줄 것입니다.

제임스 엘리슨과 나는 수많은 인터뷰를 함께하면서 여러 생각과 경험들을 명료하게 정리했습니다. 나는 지금까지 살아오면서 숱한 실수를 저질렀습니다. 하지만 엘리슨은 이 책의 독자들이 내가 저지른 실수와 잘못된 생각들로부터 더욱 귀중한 교훈을 얻을 수 있을지 모른다며 이를 강조하는 게 최선이라고 말했습니다. 사실 아무런 문제도 없는 삶이란 있을 수 없듯이 우리 각자가 자신이 직면한 문제를 극복하는 길은 이런 문제를 풀어나가는 계획을 갖고서 살아가는 것입니다.

이 책에서 제시하고 있는 계획이 결코 절대적인 것은 아닙니다. 실제로 행복한 삶과 성공적인 인생을 위한 원칙들—삶의 법칙들이라고 이름 붙일 수 있을 것입니다—가운데 많은 것이 포함되지 않았는데, 나 자신이 아직 이런 원칙들을 배우지 못했기 때문일 것입니다.

템플턴 플랜은 자기 자신이 성공적인 인생을 가르치는 학교의 학생이라고 생각하는 이들을 위해 쓰여졌습니다. 학생 각자는 우선 이 책에서 제시한 스물한 가지 원칙을 배우고, 또 스스로 새로운 원칙들을 추가해나가야 합니다. 행복과 성공을 이루고, 보람 있는 삶을 살아가는 데 무엇이 가장 중요한 원칙인지를 자신의 믿음으로 스스로 써내려 가는 것보다 내적인 성장에 더 좋은 것은 없을 것입니다.

행복과 성공을 가져오는 기본적인 원칙들은 관찰할 수 있고, 시험해볼 수 있으며, 많은 사람들로부터 동의를 구할 수 있다고 생각합니다. 그 중에서도 참으로 중요한 것들을 골라 엮으면 교과서처럼 한 권의 책으로 묶을 수 있을 것입니다. 학교에서 가르치는 그 어떤 과목도 인간으로서 우리가 갖고 있는 잠재력을 넓히는 데 도움을 주는 것보다 더 중요할 수 없습니다.

우리 스스로 끊임없이 내적인 성장을 위해 노력하고, 자기 절제를 통해 도덕성에 한 걸음 더 가까이 다가간다면 전세계의 보다 더 많은 사람들이 행복하고 보람 있고 여유로운 삶을 살아갈 수 있을 것이라고 확신합니다. 우리들뿐만 아니라 우리의 자녀와 손자들도 언젠가 이 책을 읽고 도움을 받았으면 하는 게 나의 소망입니다.

제임스 엘리슨의 서문

존 템플턴은 이 세상에서 가장 현명한 투자가 가운데 한 명이다. 월스트리트에서도 그렇게 인정한다. 그가 설립한 템플턴 뮤추얼펀드 그룹은 이 책을 쓰고 있는 현재 50만 명 이상의 투자자와 60억 달러 이상의 운용자산을 보유하고 있다.(이로부터 5년 후인 1992년 템플턴이 뮤추얼펀드 그룹을 매각하고 공식적으로 은퇴한 시점에는 운용자산이 220억 달러에 달했다-옮긴이) 템플턴은 1만 달러를 빌려 주식 투자를 처음 시작했고, 그가 걸어온 길은 그야말로 효율적 시장가설을 정면으로 뒤집는 살아있는 증거라고 할 수 있다. 아무것도 없이 시작해 당대에 엄청난 재산을 모았으니 말이다.

〈포브스〉는 그를 가리켜 "수많은 유명 인사들이 하루아침에 명멸하는 분야에서 진정으로 위대한 족적을 남긴 몇 안 되는 투자가 중 한 명"이라고 했다. 템플턴은 성공적인 투자란 '삶과 세상에 대한 그 사람의 전체적인 관계의 산물'이라고 믿는다. 대부분의 사람들과는 달리 그는 온유하면서도 관대한 자세로 자신의 삶을 살아간다. 정말로 중요한 질문들에 대해서는 이미 답을 준비해두었다. 그는 신이 이 세상을 창조했으며, 지금도 끊임없이 창조해가고 있다고 믿는다.

많은 사람들은 성공해서 큰돈을 버는 것이 종교적인 믿음과는 관계없으며, 심지어는 성공한다는 것이 종교적 믿음과 배치된다고 생각하기도 한다. 그러나 존 템플턴은 신앙과 성공이 밀접한 관계를 갖고 있다고 확신한다. 크게 성공한 사람들 가운데는 종교적으로 매우 적극적이었던 경우가 적지 않다. 이런 사람들은 비즈니스 세계에서 도덕성이 얼마나 중요한지 아주 잘 이해하고 있다. 이들은 최선을 다할 것이라는 믿음을 주고, 고객들로부터도 깊은 신뢰를 받는다.

훌륭한 투자를 결정짓는 핵심 요소인 기업의 가치를 평가할 때 경영진의 자질만큼 중요한 것은 없다. 템플턴과 그의 회사 직원들은 매년 수백 개 기업을 대상으로 과연 어느 기업이 고객들에게 최고의 기회를 제공하는지 조사한다. 그 결과 밝혀진 사실은 성공한 사람과 성공한 기업은 한결같이 도덕적이며 정신적인 원칙에 매우 충실했다는 공통점을 갖고 있다는 점이다.

존 템플턴이 프린스턴 신학대학원 이사를 처음으로 맡았던 1951년 당시 이사회에는 존 J. 뉴베리라는 인물이 있었다. 젊은 시절 F. W. 울워스에서 일했던 뉴베리는 독립해서 자신의 이름을 붙인 J. J. 뉴베리 체인점을 열었다. 그리고 첫날부터 매일 전직원이 기도하는 자리를 정례화했다. 그의 회사 직원들은 매일 아침 일을 시작하기에 앞서 함께 기도하는 시간을 가졌다. 그러면 직원들은 하루 종일 고객들에게 더 나은 서비스를 제공했다. 더 나은 마음가짐을 가지고 일을 시작하기 때문이었다. 뉴베리 체인점은 빠르게 커나갔고, 그 숫자는 곧 수백 개에 달했다.

존 템플턴은 이 같은 성공 스토리에 어떤 기적도 있을 수 없다고 확신한다. 뉴베리의 성공 비결은 매일 아침 매장 문을 열 때마다 함께 기도를 드린다는 데서 찾을 수 있다는 게 템플턴의 생각이다.

신앙심이 깊은 기독교인이었던 J. C. 페니는 인류애에 대한 원칙과 하나님에 대한 깊은 믿음을 바탕으로 세계 최대의 소매점 체인 가운데 하나를 세웠다. 아칸소 주에서 출발해 월스트리트 최고의 성공 스토리를 만들어냈던 월마트의 창업자 샘 월튼 역시 기독교 정신에 기초해 사업을 일으킨 인물이다. 그는 고객과 직원 모두를 기독교 정신으로 대했고, 지난 수십 년간 월마트만큼 꾸준히 높은 성장세를 지속적으로 이어온 경쟁자를 찾아보기 힘들 정도로 큰 성공을 거두었다.

템플턴은 이사회를 열거나 주주총회를 시작할 때면 반드시 기도를 드리고 시작한다. 그러나 기도를 드리면서 특별히 좋은 주식을 고를 수 있게 해달라는 식의 기원은 절대로 하지 않는다. "이런 행동은 하나님의 방식을 완전히 잘못 이해한 것이기 때문"이라는 게 그의 설명이다. 템플턴은 말한다. "우리가 기도를 드리는 것은 지혜를 얻기 위함입니다. 우리가 오늘 내린 결정이 현명한 결정이었기를 기원하고, 우리가 논의한 내용들이 현명한 것이었기를 기원하는 것입니다. 물론 우리가 내린 결정이 틀릴 수도 있고, 우리가 논의한 내용들이 잘못된 것일 수도 있습니다. 기도를 드리고 일을 시작했다고 해서 자신이 내린 모든 결정이 다 이익을 가져다줄 것이라고 생각해서는 안 됩니다. 다만 기도를 하고 나면 적어도 어처구니없는 실수는 최소화할 수 있다는 게 내 생각입니다.”

템플턴의 성공 스토리는 최초의 투자 금액이 몇 년 만에 얼마가 됐다는 식의 마법과도 같은 애기로 회자된다. 가령 1954년에 그의 뮤추얼펀드에 1만 달러를 투자했다면 그 후 얼마가 됐을까? 투자 수익을 계속해서 재투자했다면 이 돈은 33년 만에 80만 달러로 불어났을 것이다.(그 후 10년 만에 이 금액은 435만 달러로 늘어났다—옮긴이) 템플턴이 얼마나 성공적인 방식으로 투자하는지를 보여주는 좋은 예라고 할 수 있다.

그렇다면 이 같은 눈부신 성장은 어디서 나온 것일까? 그는 이렇게 답한다. “우리에게는 믿음이 있습니다. 단지 돈을 벌겠다는 목적만으로 사업을 하는 사람들과는 달리 우리는 초조해 하거나 불안해 하지 않습니다. 우리는 매일매일 그날의 가장 중요한 것들을 마음속으로 정리하고 기도를 드린 다음 일을 시작합니다. 우리가 하는 모든 거래는 다 여기서 출발하는 것입니다.

믿음을 갖지 않고 사업을 하는 사람도 있습니다. 하지만 이는 인간적인 요소를 무시한 것입니다. 이런 사람들은 더 나은 서비스와 더 좋은 품질의 제품을 더 낮은 가격에 제공하겠다는 의지가 투철하지 못합니다. 이런 사람들이 하는 사업은 실패하는 경우가 많습니다. 자신에게만 유리하게 거래하려고 하는 사람은 대개 좋지 않은 평판을 얻게 되고, 오래가지 않아 거래처로부터 외면당하게 됩니다.

자신의 욕심만 채우려 하고, 다른 사람은 전혀 배려하지 않는 것은 아주 근시안적인 비즈니스 방식입니다. 이 점은 우리가 반드시 배워야 할 중요한 사실입니다. 이 점을 깨우치면 틀림없이 성공이 찾아올 것입니다. 늘 고객의 이익을 먼저 생각해야 합니다. 직원들에게는 자신이 대접받고 싶은 것처럼 대우해 주어야 합니다. 믿음에 기초해서 이런 생각을 실천으로 옮긴다면 성공은 저절로 따라올 것입니다."

이 책에서 제시하고 있는 템플턴 플랜은 우리가 지녀야 할 두 가지 믿음간의 관계를 보여주고자 쓰여졌다. 하나는 우리의 정신적 원칙에 대한 믿음이고, 또 하나는 성공적이며 행복한 삶을 살아가기 위해 가져야 할 믿음이다. 지금부터 설명할 템플턴 플랜을 따라가다 보면 정신적인 원칙에 기초해 살아가는 사람이 결국 인생에서도 성공하는 사람이라는 사실을 알게 될 것이다. 이런 사람들은 우정을 맺어도 진실하고 오래가며, 경제적으로도 상당한 부를 쌓는 경우가 많다.

템플턴 플랜은 하루에 한 가지 원칙을 3주에 걸쳐 읽고 깨닫고 실천하도록 구성했다. 각각의 단계를 숙독한 다음에는 세 가지 질문에 확실하고 명확하게 답할 수 있어야 한다.

1. 이 가르침은 진실로 무엇을 의미하는 것일까?
2. 이 가르침을 나 자신의 삶에 어떻게 적용할 수 있을까?
3. 성공을 이루는 데 이 가르침을 어떻게 활용할 수 있을까?

이 책에 담긴 내용은 존 템플턴 자신을 비롯해 많은 사람이 그대로 실천한 것들이다. 당신 역시 그대로 따를 수 있다.

삶의 규범을 배우라

Templeton Plan

중력의 법칙이나 물리적 법칙이 있는 것처럼 이 세상에는 정신적인 원칙이 있다. 이런 원칙과 규범은 우리가 살아가는 데 정말로 소중한 것들이다. 마치 번잡한 네거리의 신호등과 같은 존재다. 우리의 내적인 삶은 우리가 삶의 규범들을 지키느냐, 아니면 무시하느냐에 따라 구원받을 수도 있고 버림받을 수도 있다.

이런 규범들이야말로 템플턴 플랜의 주춧돌이다. 우리는 이제부터 이런 규범들을 살펴볼 것이다. 그렇게 함으로써 우리가 가야할 방향에 대해 분명한 생각을 가질 수 있을 것이다. 어린아이가한 번에 한 걸음씩 옮기며 걷는 법을 배우듯 이 책에서 설명하고 있는 스물한 가지 단계를 아우르는 삶의 규범들에 대해서도 하나씩 차근차근 그 의미를 짚어볼 수 있을 것이다.

정직은 삶의 규범이다. 존 템플턴이 자라난 시골마을에서는 말한마디가 곧 계약으로 통했다. 인격을 갖춘 사람이라면 무엇을 하겠다고 약속해놓고 이 말을 뒤집지 않을 것이다. 그런 점에서 두 사람간의 계약은 굳이 문서로 남길 필요가 없다. 그것을 강제하기 위해 소송을 하거나 법원에 갈 필요도 없다. 문명 사회란 합의가 지켜지고 존중되는 곳이며, 많은 사람들이 그렇게 받아들이는 곳이다.

신뢰는 삶의 규범이다. 전문직업인이나 조그만 상점을 하는 사람이나 성공하기 위해서는 무엇보다 믿음을 주어야 한다. 어떤 일을 화요일 오후까지 끝내겠다고 말했다면 반드시 화요일 오후에 그 결과물을 넘겨 주어야 한다. 진짜 가죽으로 만든 제품이라고 말했다면 소비자가 받는 제품은 분명히 진짜 가죽으로 만들어져야 한다.

진실은 삶의 규범이다. 누구도 상대방이 자신을 속이거나 바보로 만들기를 원하지 않는다. 진실이란 자신이 약속한 것을 충실히 지킨다는 것을 의미한다. 이런 사람은 잔수를 쓰거나 누구를 속이려 들지 않으므로 믿을 수 있다.

불굴의 의지는 삶의 규범이다. 어떤 어려움이 닥쳐도 목표를 향해 나아가고, 반드시 그 목표를 이뤄내는 사람에게는 누구든 사업을 맡기고 믿음을 줄 것이다. 무슨 일을 하든 풀어야 할 문제가 있게 마련이다. 이런 문제에 부딪쳐 쉽게 포기하거나 다른 쉬운 일을 찾으려 한다면 결코 성공할 수 없을 것이다.

존 템플턴은 오래 전에 세계적인 친목 단체인 젊은 사장들의 모임Young Presidents' Organization의 창설을 도운 일이 있다. 이 모임에 참여한 수천 명의 회원 각자는 문화적으로, 경제적으로 성장 환경이 다양했지만 마흔 살 이전에 직원 100명 이상의 기업체 사장이 된 사람들이었다. 이들의 공통점은 무엇이었을까? 템플턴은 "불굴의 의지"라고 설명한다. "이들은 어떤 일을 하겠다고 시작하면 반드시 그 일을 이뤄냅니다. 때로는 추진 방식을 바꾸기도 하지만 어떻든 이들은 결코 포기하지 않습니다."

열정은 삶의 규범이다. 성공하기 위해서는 자신의 전부를 바쳐 일에 몰입해야 한다. 열정은 전염성이 있다. 당신이 열정을 갖고 일하면 거래처와 고객들에게도 영향을 미치게 된다.

활력은 삶의 규범이다. 성공을 지향하고, 진정으로 최선을 다하는 사람들은 활력을 갖고 있다. 이들은 게으르지 않고, 쓸데없는 데 시간을 낭비하지도 않는다. 끊임없이 새로운 일을 하고, 새로운 실험을 하고, 제품의 생산 단가를 낮추거나 품질을 높일 수 있는 새로운 방법을 찾아내고자 한다.

겸손은 삶의 규범이다. 젊은이들은 선생님과 부모님의 조언과 경험을 즐겁게 받아들여야지 무시하려 해서는 안 된다. 부모가 자녀를 가르치려는 것은 그들을 사랑하고 그들이 최선을 다하기를 바라기 때문이다. 어린이들이 선생님과 부모님에게 대들고 반항하는 것은 상식적으로도 매우 위험한 일이다. 선생님은 학생을 도와주기 위해 학교에 있는 것이다. 학생들은 겸손한 자세로 선생님이 자신들보다 더 많이 알고 있다는 점을 이해해야 한다. 성공하는 사람은 삶에 대해 겸손한 자세를 갖고 있다. 이런 사람들은 어려서부터 선생님과 부모님에게서 배움으로써 더 나아질 수 있음을 잘 알고 있다.

다른 사람을 즐겁게 해주는 것은 삶의 규범이다. 물론 모든 사람을 다 즐겁게 해줄 수는 없다. 하지만 우리가 노력하면 더 생산적이고 성공적인 결과를 얻을 수 있다. 동료를 즐겁게 해주고, 고객과 파트너를 즐겁게 해주라. 비즈니스의 세계에서는 다른 사람에게 즐거움을 주면 반드시 건전하면서도 신선한 파급이 퍼져나간다. 동양에 이런 속담이 있다. "네가 가진 특장점을 남에게 알리고 싶다면 먼저 다른 사람들이 가진 특장점을 인정하라."

주는 것은 삶의 규범이다. 성공하는 사람은 주고, 또 더 준다. 주게 되면 준 것 만큼 되돌아온다. 비즈니스의 세계에서 정상에 오른 사람들을 잘 관찰해보라. 이들은 남들이 기대한 것보다 더 많은 것을 준 사람들이다. 이들은 준 것에 대해 보상을 받았다. 주었기 때문에 마침내 경제적인 측면에서, 또 정신적인 의미에서 성공할 수 있었던 것이다.

존 템플턴은 미국에서 가장 오래된 기업이라고 할 수 있는 장로교 성직자 펀드Presbyterian Ministers' Fund의 이사로 장기간 근무해왔다. 장로교 성직자 펀드는 모든 교파의 성직자들이 가입하는 생명보험회사인데, 회사 문양에 파종하는 모습이 그려져 있다. 지난 200여 년간 장로교 성직자 펀드는 대단한 성공을 거두었다. 이 회사는 가입자들에게 다른 보험회사들보다 더 낮은 보험료를 받고 더 많은 보험금을 지급해왔다. 대부분 개신교 목사인 이 회사 임원들은 신규 가입을 원하는 고객들에게 이 회사가 뿌린 대로 거둔다는 뜻에 기초해 설립됐다는 점을 늘 주지시키고 있다.

다른 사람에게 배우는 것은 삶의 규범이다. 존 템플턴은 어린 시절 학교 친구들을 유심히 관찰했고, 성인이 되어서도 만나는 사람마다 자세히 살펴보았다. 시골에서 자랄 때는 농부들을 관찰했다. 이런 관찰을 통해 무엇이 성공과 행복을 가져오고, 더 좋은 성과를 낳는지, 또 무엇이 이런 것을 방해하는지 배웠다. 그는 이를 통해 무엇을 따라 해야 하며, 무엇을 피해야 하는지 배웠다. 그 중에서도 가장 중요한 것은 많은 사람들의 삶에 배어있는 지혜를 자신의 것으로 만들 수 있었다는 점이다. 당신도 이렇게 할 수 있다. 늘 긴장된 자세를 유지한다면 만나는 사람마다 모두에게서 배울 수 있고, 그들이 저지른 실수를 피할 수 있고, 새로운 덕목을 자신의 것으로 만들어 실천할 수 있다.

기쁨은 삶의 규범이다. 존 템플턴은 지금까지 만나본 사람들 가운데 가장 큰 기쁨을 느끼며 살아가는 사람으로 테레사 수녀의 수도회에서 일하며 공부하던 젊은 여성들을 꼽고 있다. 그가 관찰한 바로는 이들 젊은 여성은 정말 눈부실 정도로 깊은 행복을 느끼고 있었다. 이것은 자기 탐닉 같은 것과는 거리가 멀었다. 이들은 봉사할 기회를 가졌기 때문에 행복했던 것이다.

존 템플턴이 인도 캘커타에 있는 테레사 수녀의 수도회인 사랑의 선교회Missionaries of Charity 25주년 기념식에 참석했을 때였다. 한 젊은 여성이 테레사 수녀에게 다가와 기쁨이 가득한 표정으로 말했다. "수녀님, 저는 여섯 시간 동안이나 예수님의 몸을 만졌습니다!" 이 여성은 거리에서 병들고 허약한 한 남자를 발견했고, 이 남자를 씻겨서 편안하게 침대에 눕히기까지 여섯 시간 걸렸다는 말이었다. 이 여성은 예수님께서 이 남자의 모습으로 자신에게 다가왔다고 느꼈다. 예수님께서 그녀에게 도움이 필요한 모습으로 다가왔을 때 그녀가 도움이 될 수 있다는 것이 얼마나 큰 기쁨이었겠는가. 성공이란 반드시 경제적인 것은 아니다. 그러나 성공은 도움을 주겠다는 마음이 없으면 절대 이룰 수 없다.

이타심은 삶의 규범이다. 남을 배려하는 사람은 우리가 살고 있는 이 세상을 더 좋은 곳으로 만든다. 의학 연구에 매진하는 사람들은 페니실린이나 인슐린 같은 신약을 개발함으로써 우리의 삶을 더 건강하게 만들어준다. 우리 누구나 각자 자신의 분야에서 이 세상을 더 나은 곳으로 만들 수 있다. 성공과 행복을 찾는 사람들은 그 방법을 발견할 수 있을 것이다. 어떤 사람은 자신의 농장에서 더 좋은 농작물을 생산함으로써 이 세상을 더 나은 곳으로 만들 수 있다. 상처한 뒤 혼자 힘으로 여섯 명의 자녀를 사랑으로 키운 아버지도 이 세상을 더 좋은 곳으로 만들었을 것이다. 아버지의 사랑 덕분에 그의 아들딸들은 잘 성장해 아버지를 사랑하게 됐을 것이다. 그들은 아버지가 쏟은 사랑의 따뜻함을 느꼈고, 이런 사랑은 그 후손들에게 계속 이어질 진정한 넉넉함이기 때문이다.

이타주의자는 이 세상을 더 좋은 곳으로 만드는 방법을 스스로 발견한다. 그것은 책을 쓰는 것이 될 수도 있고, 그림을 그리는 것일 수도 있다. 자녀를 똑바르고 착하게 키우는 일일 수도 있다. 새로운 요리법을 만들어내는 것일 수도 있다. 다른 사람들에게 봉사하는 것일 수도 있다. 그것이 큰 일이건 작은 일이건 이 세상을 더 좋은 곳으로 만드는 방법에는 여러 가지가 있다. 그 길은 비록 달라 보여도 모두 성공으로 귀결된다.

템플턴은 그가 자란 테네시 주 윈체스터 인근에 있는 웹스쿨을 이렇게 회상한다. 이 학교는 읽기와 쓰기, 수학만 가르친 게 아니라 더 많은 것을 가르치고자 했다. 샤우니 웹이 노년에 세운 이 학교의 설립 이념은 "우리는 인격을 가르친다We Teach Character"였다. 웹은 이 학교의 가장 중요한 목표가 학생들에게 라틴어와 역사, 수학과 함께 삶의 규범들을 가르치는 것이라고 말했다. 웹스쿨의 많은 졸업생들이 나중에 훌륭한 인물로 성장했다. 이들의 성공은 학교 설립자로부터 배운 정신에서 나온 것이었다.

템플턴의 말을 들어보자. "나는 요즘 고등학생과 대학생들이 쓴 삶의 규범에 관한 글 가운데 최고의 작품을 뽑아 상을 주고 있습니다. 나의 이런 노력이 눈덩이처럼 커져 이 세상에 아름다운 파장을 불러일으켰으면 하는 게 제 소망입니다. 이런 글을 쓰는 학생들은 윤리학이나 종교, 철학 분야의 책들을 두루 읽어야 합니다. 그 결과 학생들은 아주 어린 나이에 나름대로 삶의 규범을 세울 것이며, 삶의 규범에 기초해 살아가는 방법을 배우게 될 것입니다. 또 최고의 작품으로 뽑혀 상을 받은 글이 발표되면 다른 사람들도 이 글을 읽게 될 것이며, 삶의 규범에 관한 작품들이 하나의 문학 장르로 자리잡을 것입니다.

이런 생각을 한 단계 더 발전시키면 삶의 규범에 기초한 세계적인 기구를 만들 수도 있을 것입니다. 우리가 믿고 있는 모든 종교에는 다 이런 규범들이 있다고 생각합니다. 그러므로 세계적인 차원에서 이런 규범을 발전시켜나갈 수 있습니다. 이렇게 해서 우리 모두를 하나로 모을 수 있는 원칙들에 대해 더 많은 이해를 공유한다면 개인간의 갈등은 물론 국가간의 갈등도 해소해나갈 수 있을 것입니다.

이 지구상에 살고 있는 99%이상의 사람들이 모두 동의하는 그런 규범이 수없이 많을 것이라는 게 제 생각입니다. 이런 규범들을 묶어 고등학교나 대학교에서 삶의 규범을 가르치는 과정의 교재로 활용할 수 있을 것입니다. 이렇게 삶의 규범을 학교에서 가르친다면 종교와 국적이 달라도 서로를 보다 쉽게 이해하고 조화를 이뤄나갈 수 있을 것입니다."

제1단계에서는 성공과 행복을 향해 나아가려면 삶의 규범에 대해 공부해야 한다는 점을 설명했다. 당신이 알고 있는 규범을 더 깊이 연구해보고, 새로운 규범을 찾아보라. 우리가 여기서 살펴본 규범들은 일부에 불과하다.

- 정직
- 신뢰
- 진실
- 불굴의 의지
- 열정
- 활력

- 겸손
- 다른 사람을 즐겁게 해주는 것
- 주는 것
- 다른 사람으로부터 배우는 것
- 기쁨
- 이타심

    이밖에도 수많은 삶의 규범이 있을 것이다. 우선 여기 소개된 열두 가지 규범으로 시작하라. 각각의 규범이 가진 의미를 당신 자신의 삶에 그대로 적용하라. 혹시 활력이 부족하지는 않은가? 열정을 더 쏟아 부을 자신은 있는가? 여기 소개한 삶의 규범들을 당신의 강점과 약점을 돌아보는 체크리스트로 활용해보라. 이 점을 명심하라. 삶의 규범은 성공적인 삶과 행복한 삶을 쌓아가는 데 가장 기본이 되는 바탕이다.

당신이 가진 것을 활용하라

Templeton Plan

존 템플턴은 수십 년간 투자 자문가로 일하면서 자녀에게 막대한 유산을 상속해준 부모를 수없이 지켜봤다. 하지만 이런 유산 상속은 문제를 해결하기 보다는 문제를 일으키는 경우가 더 많았다. 그는 미국 펜실베이니아 주를 개척한 윌리엄 펜이 남긴 말을 즐겨 인용한다. "부모로부터 재산을 물려받은 자식이 부모의 뜻을 헤아리기보다 오히려 아무런 유산도 없이 출발해야 한다는 것을 알고 있는 자식이 부모의 지혜를 더 많이 이어받는다."

템플턴은 수백 명에 이르는 그의 고객을 자세히 조사해봤지만 행복과 유산의 상관관계를 찾아낼 수 없었다. 사실 대부분의 경우 과다한 유산은 좋은 결과를 가져다 주기보다는 나쁜 영향을 미치는 경우가 더 많았다. 막대한 유산은 이를 상속받은 사람에게 그릇된 가치관을 심어주기 쉽다. 스스로 쌓은 긍지는 전혀 없이 그저 개인적인 오만에 사로잡히게 만들 수 있다. 또 노력하지도 않고 얻은 엄청난 재산으로 인해 방탕한 생활에 빠져들기도 한다.

템플턴은 그래서 젊은 사람은 반드시 자신의 손으로 생활비를 벌어야 한다고 확신한다. 가능하면 여섯 살 때부터 일하는 법을 배워야 한다. 부모 입장에서 보면 과연 여섯 살짜리가 무슨 일을 제대로 할 수 있을지 한참을 궁리해봐야 하겠지만 어린이들에게 일의 의미와 긍지를 심어줄 수 있는 일거리들은 많다. 시골에서 자라는 어린이라면 무를 심어 내다팔 수도 있고, 깡통을 모아 재활용품 수집상에게 팔 수도 있고, 시원한 음료 좌판을 열 수도 있다. 도시 어린이라면 아파트 주변의 허드렛일을 맡아서 할 수 있을 것이다.

미국의 남부 시골마을에서 자란 템플턴은 시골 어린이들이 커서도 사회적으로 원만한 생활을 한다고 생각한다. 시골에서는 어린이들이 직접 가축을 몰고 나가 풀을 먹일 수 있고, 음식장만 하는 것을 도울 수 있다. 도시 어린이들보다 훨씬 어린 나이에 뭔가 보탬이 되는 가족 구성원이 될 수 있는 것이다. 그 결과 더 빨리 성숙하고, 삶의 규범에 대해서도 더 분명히 인식하게 된다.

현대 심리학에서 말하는 주장과는 다르지만 어린이는 여러 면에서 성인의 축소판이다. 어린이들도 자기 힘으로 독립하고 싶은 강한 욕구를 갖고 있다. 그런 점에서 어떤 어머니가 자기 딸의 숙제를 해주면서 자신이 딸을 돕고 있다고 생각한다면 큰 오산이다. 멀리 보면 이 어머니는 딸을 망치고 있는 것이기 때문이다. 설사 이 어머니가 숙제를 해준 덕분에 딸이 다음날 학교에서 좋은 점수를 받아왔다고 치자. 그러나 자기 딸로 하여금 더 시간이 걸리고 힘든 과정을 거치도록 함으로써 스스로 어떻게 공부하는 것인지 배우도록 해야 한다. 그러면 딸은 더 큰 긍지와 자신감을 가질 것이며, 더 성숙해진 느낌도 얻을 것이다. 또 학교에서 다음 진도를 나가는 데도 훨씬 좋다. 학교에서 오늘 배우는 내용이란 항상 그 전날 이미 배운 것이 기본이 되기 때문이다. 딸이 발전하는 데 꼭 필요한 이 한 가지 단계를 어머니로 인해 놓친다면 딸은 나중에 이 과정을 따라잡느라 무척 힘들어 할지 모른다.

제1단계에서 언급했듯이 성공하는 사람은 다른 사람들로부터 배운다. 다른 사람을 잘 관찰해보면 그들이 저지르는 실수를 발견할 수 있고, 그런 실수를 자신이 되풀이하지 않도록 만들 수 있다. 누가 행복한지, 그들이 왜 행복한지도 보이기 시작할 것이다. 학교에서, 직장에서 만나는 사람은 물론이고, 가족 가운데서도 이런 사람들을 찾아보도록 애써보라. 그리고 이런 사람들이 말하는 것을 잘 들어보라. 남의 말을 잘 헤아려 듣는 것이야말로 성공의 열쇠라고 할 수 있다. 다른 사람의 말에 들어있는 그들의 지혜와 어리석음을 모두 듣고 잘 기억한다면, 어느새 그 두 가지의 차이점을 구별할 수 있을 것이다.

배움이란 살아있는 한 계속해야 하는 아주 중요한 것임을 잊지 말아야 한다. 존 템플턴은 고등학생 시절 사귀었던 한 친구의 예를 든다. 이 친구는 학교를 졸업하고 직장을 가진 뒤 단 한 권의 책도 읽지 않았다. 이 친구는 시간이 나면 텔레비전을 보거나 영화관에 가고 사냥과 낚시를 즐겼다. 마음속에 있는 무언가 새로운 것에 대한 탐구심을 개발하려는 노력을 전혀 하지 않았다. 나이 마흔이 되어서도 그의 지식 수준은 고등학교 졸업 무렵을 벗어나지 못했다. 그는 인생을 낭비한 것이나 다름없었다. 낭비한 인생이 어찌 성공적인 삶이 될 수 있겠는가.

우리가 정말로 무엇인가를 더 배울 수 있는 기회는 학교를 졸업한 뒤에 찾아온다. 학교는 단지 온실과 같은 환경을 조성해줄 뿐이다. 학교를 졸업하고 사회에 나가면 진짜 인생과 만나게 된다. 직업을 갖고 일하기 시작한 다음에는 책을 더욱 중요하게 다뤄야한다. 책을 통해 우리보다 더 깊은 지식을 갖고 있고 더 고결한 인격을 지닌 인물들을 만날 수 있다. 우리는 책에 담겨있는 의미를 이해하고 그 뜻을 나의 것으로 만들 수 있다.

존 템플턴은 오래 전 매일 새로운 것을 배우겠다는 목표를 세웠다. 단 하루라도 헛되이 보내지 않는 게 중요하다. 몰랐던 새로운 단어의 뜻을 이해하고, 새로운 통찰력을 얻고, 새로운 사상이나 감정, 심지어는 취향이라도 경험해봐야 한다. 버스나 지하철을 타고 출퇴근할 때 다른 승객들이 뭘 하는지 보라. 아마 상당수 사람들이 아무것도 하지 않고 있을 것이다. 이런 사람들은 그냥 거기에 있을 뿐이다. 그렇다고 그들이 대단히 중요한 것을 생각하고 있는가? 무슨 큰 문제를 풀려고 하는가? 거의 대부분은 귀중한 시간을 흘려 보내며 낭비하고 있을 것이다.

하지만 앞서가는 사람, 성공을 이루고자 하는 사람은 출퇴근 버스 안에서조차 시간을 절대로 그냥 흘려 보내지 않는다. 이런 사람은 공부한다. 책을 읽거나 메모를 한다. 등하교 시간이나 출퇴근 시간을 자기 개발을 위해, 또 계속적인 배움을 위해 활용한다.

출퇴근 버스 안에 타고 있는 승객들이 나누는 얘기를 한번 들어보라. 그러면 누가 성공할 사람이고, 누가 그렇지 않은지 상당히 정확하게 집어낼 수 있을 것이다. 가령 이렇게 말하는 사람이 있다. "그 사람 말이야, 알고 보니 이러쿵저러쿵…… 그 여자는 말이야, 또 이렇고 저렇고 하더라고……" 이런 사람은 발전하기 힘들 것이다. 그런데 이렇게 말하는 사람이 있다. "이건 내가 어제 배운 내용인데, 오늘은 여기까지 마치려고 하거든……" 이런 사람은 성공을 향해 나아가고 있다고 할 것이다.

성공하는 사람은 잘 헤아려 듣는 기술이 뛰어날 뿐만 아니라 질문도 잘하는 사람이다. 그저 말만 한다면 많은 것을 배우기 어려울 것이다. 스스로 이런 질문을 던지는 습관을 갖도록 하라. "이 사람에게서 무엇을 배울 수 있을까?" 그 사람이 어떤 분야에 대해 말하고 싶어하는지 알아내고 그의 관심분야에 대해 물어보라. 그러면 두 가지 면에서 좋은 결과를 얻는다. 우선 그 사람 입장에서는 자신이 잘 알고 있는 분야를 물어주니 기분이 좋고, 당신 입장에서도 무언가 새로운 것을 배울 수 있으니 일거양득이다.

성공하는 사람은 단순히 조언을 받는 것보다 더 많은 조언을 구하고자 한다. 존 템플턴이 젊은 시절 텍사스 주 댈러스에 있던 내셔널 지오피지칼 컴퍼니National Geophysical Company에서 어떤 자세로 일했는지 보자. 이 회사는 그가 대학을 졸업한 후 얻은 첫 직장이었다. 그는 성공하겠다는 의지가 강했고, 적어도 한 달에 한 번은 상사에게 가서 이렇게 물었다. "제가 맡은 일을 더 잘 하려면 어떻게 해야 합니까?" 다시 말하지만 이런 질문은 두 가지 효과가 있었다. 템플턴은 일을 더 잘하는 법을 배웠고, 그의 상사는 그가 일을 더 잘하기 위해 얼마나 진지하게 노력하는지 알게 됐다. 그는 1년 만에 재무담당 부사장으로 승진했다. 그가 승진할 수 있었던 비결은 질문을 통해 끊임없이 조언을 구했던 그의 자세 덕분이었다.

"당신이 만약 내 입장이라면 어떻게 하겠습니까?"라는 질문은 성공을 뒷받침해주는 주춧돌이다. 이런 질문을 던짐으로써 당신은 발전적인 제안을 얻을 수 있을 뿐만 아니라 다른 사람에게도 당신이 자기 분야에서 스스로 더 나아지기 위해 노력하는 인간이라는 강한 인상을 심어줄 수 있다.

성공을 준비하는 사람은 늘 도서관을 끼고 다닌다. 지하철을 기다리거나 공항에서 탑승 수속을 위해 대기할 때 적어도 몇 분의 시간은 있다. 이럴 때 회사 업무에 도움이 되는 자료를 찾아보거나, 최근의 트렌드를 분석해보거나, 아니면 그저 마음의 양식이 되고 식견을 넓히는 책을 읽어볼 수 있다.

약속 시간보다 일찍 도착했을 경우에 대비해 기다리는 동안 읽을 신문을 가지고 다닐 수도 있다. 늘 책과 신문을 지니고 다닌다면 도서관을 끼고 다니는 것이나 마찬가지다. 이렇게 하면 당신은 항상 무엇인가를 성취할 수 있고, 성공에 조금 더 가까이 다가갈 수 있을 것이다.

마음속으로 따르고자 하는 훌륭한 전범典範을 가진 사람에게는 성공이 훨씬 더 빨리 찾아간다. 존 템플턴은 그런 점에서 운이 매우 좋은 편이었다. 그는 테네시 주 윈체스터의 작은 시골마을에서 태어났고, 그의 집은 그리 넉넉한 편이 아니었다. 그의 아버지 하비 맥스웰 템플턴은 대학교육을 받아본 적은 없었지만 변호사로 일했다. 그러나 전체 인구라고 해봐야 2000명도 채 안 되는 마을에서 변호사 일만으로는 생활비조차 벌기가 힘들었다. 그의 아버지는 나중에 존 템플턴에게 그대로 이어진 창조적인 기업가 정신을 발휘했다. 그는 목화에서 씨를 빼내는 공장을 설립해 한 해 최대 2000가마니의 면화를 생산했다. 이렇게 면화를 생산해내도 목화 주인으로부터 기껏해야 한 가마니 당 2달러밖에 받지 못했지만 이 정도 금액이면 템플턴 가족이 충분히 한 해를 버틸 만했다.

하지만 이건 시작에 불과했다. 그의 아들과 마찬가지로 하비 템플턴 역시 최선의 노력을 다하지 않으면 만족하지 못했다.

그는 면화 창고 사업을 벌였고, 비료 판매업에도 뛰어들었으며, 뉴욕과 뉴올리언스의 면화거래소에서 면화 선물 거래를 하기도 했다. 어린 나이의 존 템플턴은 이런 일에 파묻혀 사는 아버지로부터 흥미진진한 사업 얘기를 들을 수 있었다.

하비 템플턴은 그러나 거기서 멈추지 않았다.

그는 여러 보험회사의 중개인 일도 했다. 그는 자신이 살고 있는 테네시 주의 농촌 경제가 상승세를 타거나 침체로 빠져들 때 어떻게 하면 돈을 벌 수 있는지에 대해 탁월한 감각을 지니고 있었다. 어떤 농장이 부동산 관련 세금조차 내지 못해 경매에 부쳐지면 그는 땅값이 아주 싸다고 판단됐을 경우 이 농장을 샀다. 그리고는 얼마 후 경기가 좋아지면 이익을 남기고 되팔았다.

어린 템플턴은 아버지가 하는 사업을 늘 유심히 지켜봤고 나름대로 계산해보았다. 템플턴은 특히 감당하지 못할 부채를 얻어 쓰는 것이 얼마나 무서운 것인가를 빚으로 인해 자신의 땅이 경매에 부쳐진 수많은 농부를 바라보면서 뼈저리게 실감했다. 존 템플턴은 아버지가 하는 사업이 매우 흥미로우며 수익도 상당하다는 사실을 알게 되면서 그렇지 않아도 타고난 성격이라고 할 수 있는 자립 의지와 자신에 대한 믿음이 더욱 굳어졌다.

1925년 무렵 하비 템플턴은 변호사 일 외에도 여러 사업을 하면서 목화씨 빼내는 공장을 비롯해 농장을 여섯 개나 갖게 되었다. 더구나 남아도는 값싼 목재와 일자리를 구하지 못한 실업자들을 활용해 그가 새로 구입한 땅에 20여 채의 소규모 주택을 지었다. 이 주택들은 한 달에 2~6달러를 받고 임대했는데, 한 채를 짓는 비용이 200~500달러밖에 안 들었으니 괜찮은 수입이었다.

존 템플턴은 아버지로부터 추진력과 야망을 어떻게 현실화하는지를 배웠다. 그의 가족은 아버지의 노력 덕분에 어려웠던 시절에도 경제적으로 비교적 넉넉하게 생활할 수 있었다. 물론 대도시의 생활 수준과는 비교할 수 없었지만 템플턴 집안은 마을에서 두 번째로 전화와 자동차를 보유했을 정도다. 템플턴의 성장에 특히 큰 영향을 끼친 것은 아버지의 근면함과 성공적인 사업수완에 힘입어 가정의 경제 수준이 해가 갈수록 높아졌다는 점을 직접 눈으로 볼 수 있었다는 점이다.

그러나 이 같은 아버지의 영향은 템플턴의 성장 배경 가운데 절반에 불과하다.

템플턴의 어머니 벨라가 그의 성격 형성에 미친 영향은 아버지 만큼이나 중요했지만 방식은 완전히 달랐다. 우선 그녀는 템플턴이 자랐던 마을에서 교육을 제일 많이 받은 여성이었다. 그녀는 윈체스터에서 초등학교와 고등학교를 졸업했고, 윈체스터 노멀 칼리지에서 7년 이상 공부하며 수학과 그리스어, 라틴어를 배웠다.

벨라의 관심 영역은 그녀의 아버지에 못지 않을 만큼 넓었다. 많은 교육을 받았고, 지식수준도 높은 그녀였지만 닭과 돼지, 소와 같은 가축을 기르는 것도 좋아했다. 그녀는 또 정원을 가꾸고, 복숭아 나무를 심고, 옥수수와 양배추, 체리, 아스파라거스, 콩을 심고 수확했다. 템플턴 가족의 식탁에는 늘 신선한 야채와 고기, 우유와 치즈가 올랐다.

존 템플턴은 어린 시절 그의 형 하비 주니어와 함께 매일같이 어머니의 집안일을 도왔다. 이익이 무엇인가에 대해 템플턴이 태어나서 처음으로 중요한 깨달음을 얻은 것은 바로 이런 환경 덕분이었다. 그의 나이 불과 네 살 때였다.

그는 조금만 일을 하면 어머니가 가꾸는 정원 한쪽에 자기 콩을 심을 수 있다는 것을 처음 알았다. 씨앗은 물론 거의 공짜로 얻었다. 그리고 수확한 콩은 동네에 있는 가게에 내다팔아 괜찮은 수익을 얻을 수 있었다.

템플턴은 자기 힘으로 생산해서 팔겠다는 생각을 갖게 됐다. 어머니는 어린 템플턴에게 작지만 자기 사업을 할 수 있도록 허락했다. 하지만 어머니의 도움과 지도는 그것이 끝이었다. 여기서부터는 어린 템플턴 스스로 자기 사업을 해야 했다.

어린 나이였지만 템플턴은 아버지로부터 실제로 사업을 벌여나가는 재주를 이어받았고, 이런 성격은 그가 받은 유산의 하나였다. 하지만 이처럼 조숙한 어린이의 경제적인 성취욕이 건전한 정신적 가치관과 조화를 이룰 수 있었던 데는 어머니의 영향이 절대적이었다. 어린 시절 템플턴은 어머니로부터 그가 어떤 인격을 갖느냐에 따라 성공할 수도 있고, 실패할 수도 있음을 배웠다. 그의 어머니와 라일라 이모는 그에게 올바른 생각이 올바른 행동을 낳는다는 점을 가르쳤다. 그의 어머니와 이모는 오랫동안 컴버랜드 장로교회에 다녔는데, 이 교회는 그들이 살던 마을에서 무척 멀었다. 그들은 돈을 모으기 위해 노력했고 마침내 시간제로 일하는 목사님을 마을로 초빙할 수 있었다. 먼 훗날 투자업계의 현인으로 성장할 템플턴에게 어머니와 이모는 돈을 모아야 한다는 점과 일단 그렇게 모은 돈이 다른 사람을 도울 수 있다는 귀중한 교훈을 아주 새로운 방식으로 가르쳤던 셈이다. 존 템플턴이 성공할 수 있었던 데는 이 같은 성장 배경이 결정적인 역할을 했다.

　하지만 성공은 결코 유산처럼 물려받을 수 있는 것이 아니다. 성공이란 각자 자기 자신의 힘으로 이뤄내야 한다. 존 템플턴은 물론 여느 사람들보다 유리한 위치에서 출발했을 수 있다. 그러나 템플턴 역시 우리 모두와 마찬가지로 성장과 적응을 거듭하면서 수많은 시행착오를 거쳤다. 어쩌면 그랬기에 스스로를 성공한 사람이라고 말할 수 있을지도 모른다.

　이제 제2단계를 완전히 읽고 이해했다면 당신이 이룰 수 있는 성공과 행복의 몫을 더 늘리는 방법을 알게 됐을 것이다. 다음의 원칙을 따르도록 노력해보라.

1. 당신이 가진 강점들을 찾아내고, 이런 강점들을 가장 효율적
   으로 활용하라.
2. 다른 사람들의 말을 잘 듣고, 이들로부터 배우도록 하라.
3. 다른 사람들의 행동을 잘 관찰하라. 그러면 그들이 가진 강점
   과 그들이 저지르는 실수로부터 많은 것을 배울 것이다.
4. 목표가 실현되기를 기다리지 말라. 목표를 실현시킬 수 있도
   록 적극적으로 행동하라.
5. 돈은 유산으로 남겨줄 수 있지만 성공은 그럴 수 없다. 성공
   은 우리 각자가 성취하는 것이다.
6. 성공을 이루는 가장 확실한 방법은 부모님이나 스승, 친구, 직
   장 동료, 아니면 누가 됐든 모범으로 삼을 만한 인물을 정해
   그를 본받는 것이다.

다른 사람을 도움으로써 스스로를 도우라

Templeton Plan

미니스트리ministry라는 단어를 보면 누구나 교회 성직자나 정부 관리를 떠올릴 것이다. 하지만 실은 우리가 살아가면서 할 수 있는 모든 생산적인 일들이 전부 미니스트리(봉사, 임무, 직무)라고 할 수 있다. 당신이 아주 튼튼한 신발을 만들었다면 하나의 임무를 수행한 것이다. 넉넉한 수확을 거두어 들이는 것 역시 하나의 직무를 다한 것이다. 당신이 사람의 목숨을 다루는 의사라면, 혹은 아름다운 글을 창작해내는 작가라면 그건 봉사를 한 것이라고 말할 수 있다.

하지만 당신이 어떤 일을 수행하고 봉사하는 것은 바로 당신의 삶이므로 주의를 기울여 선택해야 한다. 당신이 하는 일을 사랑하는 것이 무엇보다 중요하다. 당신이 하는 일을 사랑하게 되면, 또 당신이 하는 일이 다른 사람들을 위한 것이라는 자세를 갖게 되면 당신은 성직자와 같은 임무를 수행하는 것이다. 당신은 이 세상이 필요로 하는 일을 새로 만들어낼 수도 있다. 그럼으로써 자신의 일에 헌신하게 되고, 이런 일을 통해 당신은 진정한 성직자가 되는 것이다. 단지 돈을 벌기 위해 일하는 사람보다는 주는 사람으로서, 돕는 사람으로서 일한다면 성공에 훨씬 더 가까이 다가갈 수 있을 것이다. 그렇게 하면 자연히 많은 돈이 따라올 것이고, 사람들로부터 존경 받을 수도 있을 것이다.

더 많이 심고 더 열심히 일하면 더 많이 거두게 된다. 좋은 일을 더 많이 할수록 더 큰 성공을 이룰 수 있다. 성경을 보면 예수님께서 아주 적절한 우화로 설명하셨다. 존 템플턴은 이 이야기를 나름대로 약간 수정해 들려준다. "어떤 부자가 여행을 떠나면서 하인들에게 재산을 맡겼다. 이 부자는 하인들의 능력에 따라한 명에게는 달란트(고대 로마 시대의 화폐 단위로 재능이라는 뜻의 탤런트와 철자가 같다-옮긴이) 5개를, 또 다른 하인 2명에게는 각각 달란트 2개와 1개를 나눠주었다. 부자가 떠나고 난 뒤 달란트 5개를 받은 하인은 이를 밑천으로 삼아 달란트 5개를 더 벌었다. 달란트 2개를 받은 하인 역시 이를 밑천으로 달란트 2개를 더 벌었다. 하지만 달란트 1개를 받은 하인은 달란트를 땅속 깊이 묻어버렸다.

부자가 돌아오자 하인들을 불러 그가 준 달란트를 어떻게 했는지 물었다. 5개의 달란트를 받은 하인은 이래저래 투자해서 5개를 더 벌었다고 말했다. 달란트 2개를 받은 하인도 어찌어찌 해서 달란트 2개를 더 벌었는지 자초지종을 설명했다. 부자는 두 하인에게 참으로 믿음직하다며 칭찬과 함께 더 큰 임무를 맡겼다.

달란트 1개를 받은 하인이 말할 차례였다. "주인님, 저는 주인님께서 워낙 인색하셔서 제가 벌어봐야 도로 뺏어갈 것이라 생각하고 달란트를 땅속 깊이 묻어버렸습니다."

그러자 주인이 말했다. "너무나 한심스럽고 게으른 녀석이구나. 너는 내가 준 달란트를 잘 활용하면 이익이 생기리라는 점을 알고 있었다. 내가 준 달란트를 은행에라도 맡겼다면 이자가 붙었을 것이다. 내가 준 달란트를 저기 달란트 10개를 가진 하인에게 주도록 하라. 가진 자에게는 더 많이 주어지고, 거의 아무것도 갖지 못한 자는 그나마도 빼앗겨 버리는구나!"

신약성경이 쓰여졌던 시대에는 은화 달란트 하나의 가치가 요즘 돈으로 1000달러가 넘었다. 하지만 예수님께서 이 같은 우화를 말씀하신 까닭은 자신에게 주어진 재능의 가치를 제대로 보려 하지 않는 사람들에게 진리를 깨우쳐주시고자 함이었다. 이 우화에 숨어있는 진리를 깨우친다면 예수님께서 왜 이런 말씀을 하셨는지 그 진정한 뜻도 알게 될 것이다. 여기서 달란트는 단순히 돈으로서의 가치를 넘어서는, 훨씬 더 중요한 정신적인 가치를 가지는 것이다. 달란트는 하나님께서 우리들 각자에게 부여하신 능력이고 재능이다. 템플턴은 우리들 대부분이 아주 많은 재능을 가지고 있으며 최소한 약간의 재능은 누구나 가지고 있다고 믿는다.

존 템플턴은 그의 신앙 생활을 통해 이 우화만큼 자신에게 큰 영향을 미친 것은 없다고 말한다. 그는 이 우화에서 무엇을 배운 것일까? 그는 이 우화를 통해 하나님께서 우리 각자에게 빠짐없이 재능을 주셨다는 점을 배웠다. 또 하나님께서 이런 능력을 주시면서 우리 모두에게 똑같이 주시지는 않았다는 점도 배웠다. 하지만 하나님께서 어떤 사람에게는 많은 재능을, 다른 사람에게는 그보다 적은 재능을 주셨다 해도, 우리 모두는 자신에게 주어진 능력을 최대한 발휘해야 하며, 능력이 출중하건 미약하건 자신의 재능을 남을 위해 써야 한다고 템플턴은 믿는다. 요점은 간단하다. 우리가 가진 능력과 재능은 하나님께서 주신 것이다. 그러므로 이런 능력과 재능을 어떻게 써야 할지는 우리 책임이다. 우리는 이런 능력과 재능을 갈고 닦아 더욱 발전시켜야 한다. 자신의 능력을 최대한 발휘하는 사람, 그리고 자신보다 재능이 적은 이들을 돕는 사람은 반드시 보답을 받는다. 이들이야말로 성공을 찾을 것이다.

이 세상 사람 백이면 그 중 아흔아홉은 타고난 능력과 재능을 갖고 있다. 이런 능력과 재능은 더욱 발전시켜나갈 수 있다. 우리는 자신이 생각하는 것보다 훨씬 더 많은 재능을 갖고 있다. 이런 재능을 찾아내 우리의 능력을 최고로 만드는 것은 다름아닌 우리 자신에게 달려있다. 우리 자신의 능력을 개발하면서 다른 사람들도 자신의 능력을 개발하도록 도와야 한다. 자기 자신만을 생각하는 것이 아니라 다른 사람들도 그들 자신의 능력을 발견하고 개발할 수 있도록 돕는 것이 진정으로 우리가 해야 할 일이다. 다른 사람들을 도움으로써 자기 자신도 돕는 것이다. 사람들은 자신의 진정한 가치를 모를 때도 있다. 이럴 때는 칭찬해주고 용기를 북돋아 주어야 한다.

본Bourne이라는 이름의 한 신부에 관한 이야기를 들어보자. 이

신부에게 어느 날 한 남자가 찾아와 자신에게는 아무런 능력도 없어 불행하다고 하소연했다. 이 신부는 그를 꾸짖었다. "당신이 나를 찾아와 이렇게 말할 수 있는 것만 해도 당신에게는 능력이 있는 것입니다. 누군가와 대화를 나눌 수 있다면 재능을 가진 사람입니다. 당신의 재능이 거리를 깨끗이 하는 것이라고 한번 생각해보십시오. 그것이 당신이 이 세상에서 할 수 있는 최고의 역할이라고 생각해보십시오. 그리고 실제로 나가서 거리를 깨끗이 청소해보십시오. 사랑하는 마음을 가지고, 다른 사람들이 그 거리를 걸으며 행복을 느낄 수 있도록 깨끗이 청소해보십시오. 그 거리를 정말 깨끗하게 청소할 수 있는 당신의 능력이 커지면 커질수록 그 거리는 유명해질 것입니다."

템플턴은 이 이야기를 처음 들었을 때, 하소연하러 찾아온 그 남자에게 용기를 북돋아 주었던 신부의 이름을 딴 본스트리트 Bourne Street가 문득 떠올랐다. 그 남자에게 정말 하나의 능력이 있어서 거리를 그야말로 눈부실 정도로 깨끗하게 만들었다면 수많은 사람들이 그 거리를 걷기 위해 찾아왔을 것이고, 사람들은 이 신부를 기리기 위해 본스트리트라는 이름을 붙였을 것이라고 말한다.

성공에는 여러 형태가 있다. 경제적인 부와 명성은 단지 성공의 한 종류일 뿐이다. 어쩌면 당신은 재능이 부족한 사람들을 도와줄 수 있는 능력을 갖고 있을지 모른다. 우리 주위에는 그런 사람들이 있다. 예를 들어 머리에 심각한 손상을 입은 사람은 자신의 재능을 찾아내 개발할 만한 능력이 없을 것이다. 이런 사람을 돌보고, 제 역할을 할 수 있도록 돕는다면 그것이 우리의 성장을 돕는 것이다.

늙고 병든 사람들, 정신적으로 혹은 신체적으로 장애가 있는 사람들, 마음의 상처가 너무 커 희망을 잃어버린 사람들, 이런 사람들이 우리에게 영혼의 원칙이 어떤 의미를 갖고 있는지 가르쳐 줄 사람들이다. 존 템플턴이 잘 알고 있는 한 목사는 16명의 정신지체 중증장애인을 돌보는 집을 만들고 운영한 공로로 미국 정부로부터 상을 받았다. 그의 노력에 힘입어 이들 중증장애인 모두는 어느 정도의 능력을 개발할 수 있었다. 어떤 사람은 식탁을 차리고 쓰레기를 치웠고, 또 어떤 사람은 채소를 심고 잔디를 깎았다. 이 목사는 큰돈을 가진 것도 아니고, 고급 승용차를 타고 다니지도 않는다. 하지만 그는 이 세상에서 가장 넉넉하며 제일 성공한 사람일 것이다.

다른 사람을 돕는다는 것은 우리의 삶을 긍정적으로 받아들이는 하나의 방식이다. 삶에 대한 긍정이야말로 성공과 행복을 낳는 출발점이다.

제3단계에서 제시한 행동들을 돌아보자.

1. 당신의 재능을 주의 깊게 찾아보라. 신중한 자세로 당신의 직업을 선택하라. 당신이 하는 일을 사랑할 수 있어야 한다.
2. 당신의 능력을 다른 사람들에게 도움이 되도록 발휘하되, 특

히 당신보다 능력이 떨어지는 사람들을 위해 쓸 수 있도록 하라.

3. 당신도 본 신부의 원칙을 실천함으로써 훌륭한 영혼을 가진 사람이 될 수 있다.

4. 본 신부의 이야기에서 설명했듯이 당신이 가진 훌륭한 영혼을 다른 사람들과 함께 하라.

스스로에게 두 가지의 중요한 질문을 던져보라.

- 나는 과연 최고의 능력을 발휘할 수 있는 분야의 일을 하고 있는가?
- 내가 하고 있는 일이 단 한 명의 다른 사람에게라도 도움이 됨으로써 나 자신의 성장에 도움이 되는가?

Step 04

소중한 것부터 먼저 하라

Templeton Plan

우리 모두는 덕목의 중요성을 알고 있다. 하지만 이 세상에 얼마나 다양한 덕목이 존재하는지, 또 이런 덕목이 우리 영혼에 얼마나 큰 영향을 미치는지 깊이 생각하는 사람은 그리 많지 않다. 덕목의 가치를 매기는 좋은 방법 가운데 하나는 마음속으로 어떤 덕목이 가장 중요한지 결정해보는 것이다. 덕목들을 하나하나씩 써보라. 어떤 덕목이 가장 중요하다고 생각하는가? 각각의 덕목을 중요한 순서대로 나열해보라. 아마 이렇게 나열한 덕목의 중요도 순서는 사람마다 다 틀릴 것이다. 그러나 이런 순위를 매겨보면 자신의 생각을 정리하는 데 도움이 될 것이다.

나쁜 짓을 해서는 아무런 결과도 얻을 수 없다는 것은 누구나다 배워서 알고 있다. 물론 이것은 사실이다. 나쁜 짓은 일종의 범죄며 종국에는 실패로 귀결된다. 반대로 우리가 소중히 여기는 덕목 하나하나는 인생에서 성공을 떠받쳐주는 주춧돌이다. 비즈니스의 측면에서나 정신적으로나 다 그렇다. 덕목에 대해 공부하라. 가족들과 함께 식사를 하면서 덕목에 대해 이야기를 나눠보라. 가족들 각자가 자신이 생각하는 덕목의 중요도 순위를 얘기하도록 해보라. 학교라면 교실에서, 교회라면 기도 모임에서 해볼 수 있다. 공동체를 구성하는 사람들끼리 어디서든 할 수 있다. 다른 사람들에게 자신이 생각하고 있는 덕목들을 중요도에 따라 나열해보도록 권해보라. 이렇게 각각의 덕목들에 대해 그 진정한 가치를 토론하고 탐구해보는 것만큼 우리의 정신적인 성장에 보탬이 되는 방법도 없을 것이다.

템플턴 플랜의 목적은 문자 그대로 성공하고자 하는 사람들을 돕는 것이다. 어떤 분야에서 일하고 있든 관계없이 성공은 덕목의 중요성을 깨닫는 데서 시작된다. 그저 무의식적으로 이런 저런 덕목이 있구나 하고 살아가서는 안 된다. 반드시 여러 덕목들에 대해 알고자 노력해야 한다. 그리고 이런 덕목들을 늘 의식하면서 살아가야 한다.

어떤 덕목이 있으며, 어떤 덕목이 더 중요한지에 대해서는 사람마다 다를 것이다. 덕목에 대해 자신과 다른 견해를 갖고 있는 사람과 대화를 나누는 것도 좋은 방법이다. 덕목에 대한 의견을 교환함으로써 더욱 개방적이고 생산적인 사람으로 성장할 수 있다.

여기 몇 가지 덕목들을 소개하겠다. 물론 여기 없는 덕목들을 추가할 수도 있고, 각자 자신의 생각대로 수정할 수도 있다. 관대함, 겸손, 자제력, 낙관하는 자세, 불굴의 의지, 열정, 책임감, 선견지명, 공평무사, 신의, 근면, 포용력, 적극성, 검약, 창의성, 판단력, 침착성, 신뢰, 너그러움, 감사하는 마음, 상식, 정직, 용기, 사랑.

이것이 전부는 아니다. 단지 시작일 뿐이다. 이들 덕목의 중요도를 매겨봄으로써 우리 모두는 배울 수 있을 것이다. 존 템플턴은 친구처럼 지내는 한 여성과 어떤 덕목이 더 중요한지 얘기를 나눈 적이 있는데, 이 여성은 노동을 가장 중요한 덕목이라고 말했다. 템플턴은 그 말을 듣고 이 여성에 대해 많은 것을 알 수 있었다. 템플턴 자신도 노동이 넓은 차원에서 덕목이 될 수 있음을 깨닫게 됐다.

또 다른 친구는 신뢰를 가장 중요한 덕목으로 꼽았다. 템플턴은 그에게 신뢰가 왜 그렇게 중요한지 사례를 들어달라고 부탁했다. 이 친구는 결혼한 지 50년이 지나 금혼식을 치르는 부부만큼 아름다운 모습을 본 적이 없다고 했다. 그는 한 부부의 금혼식에서 신뢰의 의미를 찾았던 셈이다.

역시 템플턴의 친구인 로열 리틀은 겸손이야말로 가장 중요한 덕목이라고 말했다. 사람이란 자신의 실수를 인정하고 스스로 겸손해지고자 할 때 비로소 진정으로 성공할 수 있다는 게 그의 생각이었다. 리틀은 실제로 《내가 1억 달러를 날리게 된 과정, 그리고 귀중한 교훈How to Lose a Hundred Million Dollars and Other Valuable Advice》이라는 제목의 책을 쓰기도 했다.

그는 아흔 살을 넘겨서까지 성공적인 사업가로 꼽혔고, 비즈니스 세계의 명예의 전당Business Hall of Fame에도 오른 인물이다. 그는 텍스트론Textron이라는 대기업을 세웠는데, 기업집단을 처음으로 만든 독창적인 인물로 그 분야에서는 아주 유명하다. 이런 인물이 어떻게 자신의 책 제목을 그런 식으로 붙일 수 있었을까? 그는 자신의 실수에 관해서, 또 자신이 저지른 실수로부터 배우고자 했던 과정에 관해서 쓰고자 했다. 자신의 책에 대해 템플턴과 대화하면서 그는 말했다. 친구들 대부분은 자신들이 정확하게 한 것에 관해 자세히 설명한 책을 썼지만, 그는 자기가 겪은 숱한 시련들을 독자들이 읽도록 하는 게 더 도움이 될 것으로 생각했다고 말이다. 이 책에서 그는 사업을 시작한 뒤 저지른 40가지의 실수를 소개하고, 이런 실수로부터 무엇을 배웠는지 상세하게 설명했다.

겸손이 얼마나 중요한 덕목인가를 잘 말해주는 대목이다. 억만장자의 반열에 오른 이 사업가의 사례를 통해 우리는 겸손이 다른 덕목과 마찬가지로 실제적인 의미를 갖고 있으며 성공을 가져다 준다는 사실을 분명히 알 수 있다. 실은 존 템플턴 자신도 《겸손한 자세The Humble Approach》라는 제목의 책을 썼다.

템플턴은 평생에 걸쳐 많은 사람들을 정말 날카롭게 꿰뚫어본 인물이다. 각 분야의 리더들을 회원으로 하고 있는 젊은 사장들의 모임Young Presidents' Orgarnization을 설립하는 데 도움을 준 이래 그는 수십 년 동안 이 모임의 회원들을 자세히 관찰했고, 이들이 어떤 덕목을 갖고 있는지 연구했다. 이들에게서 가장 뚜렷하게 찾을 수 있는 덕목은 책임감, 활력, 근면, 열정, 불굴의 의지 등이었다. 굳이 이런 덕목들에 대해 중요도 순위까지 매길 필요는 없겠지만, 템플턴은 이런 덕목들이 성공을 지향하는 사람들에게 거의 공통적으로 나타나는 가장 중요한 덕목이라고 생각한다. 제4단계를 충분히 이해했다면 다음 질문들에 답해보라.

1. 당신에게 특별한 의미를 갖고 있는 덕목들을 하나하나씩 나열해보라.
2. 당신이 나열한 덕목들에 대해 당신의 삶에 중요한 의미를 갖는 것부터 차례대로 순위를 매겨보라.
3. 이런 다양한 덕목들을 실제로 삶의 현장에서 어떻게 실천해왔는지 구체적인 사례를 생각해보라.
4. 가족들과, 또 직장동료나 친구들과 삶의 덕목들에 대해 토론해보라. 의견을 교환하다 보면 어떤 덕목을 실천해야 진정으로 행복하고 성공적인 삶을 이룰 수 있는지 더 넓은 시야를 가질 수 있을 것이다.

지금 하고 있는 일에서 행복을 찾아라

Templeton Plan

존 템플턴은 금융인이었던 찰스 H. 버의 말을 즐겨 인용한다. "받는 사람은 행복을 얻지 못한다. 주는 사람이 행복을 얻는다. 남에게 자신의 일부를 주는 것은 매우 간단하다. 친절한 행동, 감사의 말 한마디, 도움이 될 만한 아이디어, 이해하려는 마음, 적절한 제안, 어려운 처지에서 빠져나올 수 있도록 손을 잡아주는 것이다. 당신의 마음과 가슴 속에 있는 것을 꺼내 친절함으로 포장해 옆에 있는 사람의 마음과 가슴 속에 심어주라."

의사이자 철학자인 알버트 슈바이처 박사는 이런 말을 남겼다. "나는 당신의 운명이 앞으로 어떻게 될지 알지 못합니다. 그러나 한 가지는 분명히 알고 있습니다. 진실로 행복해질 사람은 남에게 봉사하는 방법을 구하고 찾아내는 사람이라는 점입니다."

종교지도자이자 사회개혁운동가로 활동했던 헨리 워드 비처는 이렇게 말했다. "누가 부자고 가난한지는 그 사람의 통장을 보아서는 알 수 없다. 사람을 부자로 만드는 것은 마음이다. 물질적인 부유함에 의해서가 아니라 어떤 마음을 가졌는가에 따라 그는 부자가 될 수도 있고 가난뱅이가 될 수도 있다."

작가인 시드니 파웰의 말을 들어보자. "이기심을 버리고 다른 사람을 도우라. 자기 자신의 이익만 너무 챙기려 들면 오히려 남에게 의지하게 된다."

뉴욕에 있는 유니온 신학대학원에서 30년간 실천신학 교수로 재직했던 휴 블랙은 이렇게 말했다. "즐거움을 먼저 찾으려 하면 되려 그것을 놓치게 된다는 말은 우리 삶의 분명한 역설이다. 행복을 오래 유지하기 위한 첫 번째 조건은 삶의 목적을 이기적인 것이 아닌 다른 무엇인가를 지향하는 데 두는 것이다. 진정한 행복은 다른 사람의 행복을 구하고, 다양한 삶을 겪어보고, 인간이 가진 능력을 건전하게 바깥으로 향할 때 비로소 찾아온다."

마지막으로 로버트 J. 맥크라켄이 뉴욕 리버사이드 교회의 주임목사로 있을 때 남긴 말을 소개한다. "자신도 정말로 기쁜 삶을 살고, 남들도 기쁜 삶으로 인도하는 사람이란 다름아니라 다른 사람을 생각하고 다른 사람을 돕는 가운데 자기 자신에 대한 생각은 잊어버린 사람이다. 행복은 의식적으로 구하려 한다고 해서 얻어지는 것이 아니다. 오히려 진정으로 위대한 가치에 자신을 바침으로써 찾아지는 것이다."

미국 독립선언서에는 인간의 행복 추구가 결코 침해될 수 없는 권리라고 적혀 있다. 하지만 행복을 좇는 일은 절대로 성공할 수 없다. 행복이란 좇으면 좇을수록 더 이루기 힘들어지는 것이기 때문이다. 성공도 마찬가지다.

행복을 이루는 길은 자신에게 직접적으로 즐거움을 주지 않는 다른 것을 하려고 노력하는 것이다. 그렇게 하면 행복은 저절로 찾아온다. 자신의 재능을 개발하고, 자신의 분야에서 뛰어난 사람이 되면 자기도 모르게 행복과 성공을 느낄 것이다. 행복과 성공은 그 자체를 목적으로 구하는 사람에게는 주어지지 않는다. 성공과 행복은 주어진 일에 최선을 다하려고 애쓰는 사람에게 주어진다. 다른 사람이 행복을 이룰 수 있도록 도와주면 행복은 저절로 당신을 찾아올 것이다.

사람들은 대개 이렇게 말한다. "아, 나에게 10만 달러만 더 있다면 진짜 행복할 텐데." 하지만 이런 사람일수록 막상 10만 달러를 더 갖게 되면 오히려 더 만족하지 못한다. 아마 100만 달러를 더 가져도 여전히 행복을 느끼지 못하고 성공하지도 못했다고 생각할 것이다.

행복은 완료형이 아니다. 행복은 얻는 것이 아니다. 행복은 일하고, 땀 흘리고, 목표를 추구하는 가운데 찾아오는 것이다. 행복은 주는 것이다. 행복과 성공의 핵심은 소비하는 것이 아니라 생산하는 것이다.

당신이 하는 일이 발전하는 것을 보게 되면 바로 그 과정 속에서 행복을 찾게 될 것이다. 이 과정이 생산하는 것이며, 생산은 곧 주는 것이다. 템플턴이 좋아하는 말이 있다. "행복은 좇으면 숨어버리고, 주어버리면 되돌아온다."

행복이 무엇인가를 이해하는 한 가지 좋은 방법은 행복한 사람을 연구해보는 것이다. 당신이 아는 사람 중에 진정으로 행복한 빛이 밖으로 드러나는 사람을 떠올려보라. 이들이 느끼는 기쁨은 어디서 나오는 것일까? 이들로부터 당신이 배울 점은 무엇일까?

템플턴은 테레사 수녀의 수도회에서 자신의 삶을 예수님께 바친 수련 수녀의 모습을 통해 진정한 행복을 보았다. 과연 누가 행복한가? 누가 행복하지 않은가? 그리고 행복한 사람을 행복하게 만드는 것은 과연 무엇인가?

템플턴은 투자 자문가로 오랫동안 일하면서 고객 가운데 돈이 제일 많은 사람이 반드시 가장 행복한 것은 아니라는 사실을 알게 됐다. 돈과 행복은 사실 상관관계가 그리 높지 않다는 것도 알았다. 카지노에서 게임을 하는 사람들을 잘 살펴보면 웃고 있는 사람이 별로 없다. 심지어 어렵게 돈을 따낸 사람이나 게임을 하지 않고 뒤에서 구경하는 사람들조차 그렇다.

사실 불행한 사람을 이해하는 가장 확실한 방법은 카지노에서 게임을 하는 도박꾼들의 모습을 지켜보는 것이다. 이들은 큰돈을 따는 그 자체가 최종 목표다. 이것은 오로지 카드패가 잘 들어오는지, 혹은 주사위가 잘 돌아가는가에 달려있다. 카지노에 뛰어들게 되면 곧 표정부터 대박의 환상에 사로잡히고, 이기심이 불타오른다. 운 좋게 큰돈을 따냈을 때조차 불행한 모습에서 벗어나지 못한다.

누군가를 만나면 자신에게 이런 질문을 던져보라. 무엇이 이 사람을 특별하게 만들었을까? 그리고 이 사람에게서 드러나는 빛나는 부분을 찾아보라. 누구나 광채처럼 빛나는 부분을 다 갖고 있다. 그런데도 대부분은 다른 사람의 결점만 찾아내려는 경향이 있다. 이 점은 분명하다. 우리 모두는 장점과 단점이 섞여있는 성격을 갖고 있다. 만약 어떤 사람에게서 단점만 찾으려 든다면 단점만 보일 것이다. 반대로 장점만 찾겠다고 하면 장점만 발견할 것이다. 다른 사람에게서 장점을 찾아보라. 그러면 당신의 마음은 행복으로 가득해질 것이다. 행복이란 우리가 갖고 있는 가장 순수한 강점이며, 성공하는 데 절대적인 요소다.

다른 사람들을 즐겁게 해주는 것은 행복에 이르는 길이다. 다른 사람들을 즐겁게 해주면 당신 자신도 즐거워진다. 존 템플턴은 사업을 시작한 초기에 고객 한 사람 한 사람을 모두 다른 방식으로 대우해야 한다는 점을 깨달았다. 그는 고객 각자가 원하는 특별한 요구와 바람, 그리고 개별적인 세금 문제까지 다 해결해주기 위해 밤늦게까지 일했다. 많은 것을 물었고, 무슨 얘기든 성의껏 들었다. 그는 즐거웠다. 다른 사람들을 즐겁게 해줌으로써 그 자신도 만족할 수 있었던 셈이다. 오늘날 존 템플턴에게는 개인 고객이 그리 많지 않다. 그의 고객이 되려면 최소한 1000만 달러의 구좌를 갖고 있어야 한다.

행복과 성공을 이루기 위한 또 한 가지 비결은 정말로 유익한 목적이 있지 않다면 절대 논쟁하지 않는 것이다. 우리는 사실 너무나 자주 감정에 지배당한다. 우리는 그 결과를 전혀 생각해보지도 않은 채 무조건 논쟁을 시작한다. 이런 논쟁에서는 서로에 대한 악의만 느낄 뿐 아무런 성과도 얻지 못한다. 서로의 이견이 합리적인 방법이나 조용한 설득만으로는 긍정적인 결과를 도출해 낼 수 없다고 판단되면 일단 조용히 침묵을 지키는 게 현명하다.

만일 불가피하게 논쟁을 벌여야 할 경우에는 사실관계를 확실히 파악하는 게 무엇보다 중요하다. 감정이 아니라 사실관계에 기초해 당신의 주장을 개진해야 한다. 당신이 충분히 준비했다면 비록 다른 사람과 의견이 다르다 해도 그 사람을 납득시키거나 그 사람에게 도움을 줄 수 있는 논쟁이 가능할 것이다.

템플턴은 대기업과 중소기업을 포함해 여러 회사의 이사회에 참석하고 있다. 그는 이사회에 참석하면 각 기업의 임원들이 어떻게 행동하는지 주의 깊게 관찰한다. 성공적인 기업의 이사회(대개 수익률도 가장 높은 회사의 이사회)는 사려가 깊고 긴 안목을 갖고 있다. 의견이 대립되는 이슈가 제기되면 임원들은 각자 자신의 사실관계에 기초한 의견을 내놓는다. 그들 각자는 자신이 주장하는 방안이 어떻게 해서 더 좋은 결과를 가져올 수 있는지 입증할 수 있다. 이와는 반대로 생산적이지 못한 이사회의 경우 임원들이 상당한 반대와 불만에 직면한 뒤에야 비로소 자신이 틀렸다는 사실을 인정하곤 한다.

사실관계를 확실히 알아두라. 생각을 충분히 한 다음 말문을 열라. 그리고 나서 당신의 주장을 펼치라.

일부 심리학자들 가운데는 다른 사람들과의 관계에서 화를 내는 것이 긍정적인 역할을 할 수 있다고 주장하는 경우도 있다. 하지만 존 템플턴은 성공한 사람들과의 오랜 경험에 비춰볼 때 화를 내는 것은 우리 삶에서 반드시 제거해야 할 퇴행적인 감정이라고 밝힌다. 화를 내는 것은 결코 현명한 행동이 아니다. 화는 우선 서로간의 대화가 제대로 이뤄지지 않도록 만드는 파괴적인 힘을 갖고 있다. 성공한 사람들은 다른 사람을 존중하는 자세로 대하지 절대 화를 내며 대하지 않는다. 대결하기 보다는 화해와 조화를 추구하는 것이다.

화가 날 때면 자신에게 이렇게 말해보라. "저 사람도 분명히 자기 생각이 옳다고 말하고 있는 거야. 내가 굳이 그의 의견에 동의할 필요는 없지만 그의 행동에도 어떤 이유가 있는 게 틀림없겠지." 어쩌면 상대방이 갑자기 좋지 않은 소식을 들었을 수도 있다. 단지 기분이 나빴을 수도 있다. 이럴 때의 적절한 행동은 사랑과 논리로 그들의 화를 풀어주는 것이다. 같이 화를 내지 말고, 상대방을 행복하게 만들어주라. 상대방이 화를 내도 그것을 감싸 안으면 아무런 해도 입지 않는다. 화는 우리의 생산성을 떨어뜨리는 아주 부정적인 감정이다.

마태복음 제7장 1-5절에서 예수님은 이렇게 말씀하셨다. "네가 비판 받지 않으려면 비판하지 말라. 네 입으로 하는 그 비판으로 네가 비판 받을 것이요, 네가 헤아려주는 만큼 네가 헤아림을 받을 것이다. 어찌하여 형제의 눈에 들어 있는 티만 보는가? 어떻게 하여 네 자신의 눈에는 들보가 들어 있는데 형제에게 '네 눈에 들어 있는 티를 빼주겠다'고 말할 수 있는가? 위선자여, 먼저 자신의 눈에 들어 있는 들보를 빼내라. 그런 연후에 밝은 눈으로 네 형제의 눈에 들어 있는 티를 빼주도록 하라."

존 템플턴은 다른 사람을 법정으로 몰고 가서는 안 된다는 강한 믿음을 갖고 있다. 그는 법적인 절차 없이 문제를 해결하는 것을 좋아한다. 이웃의 눈에 티가 들어 있다면 당신의 눈에는 들보가 들어 있다. 교양이 있는 사람이라면 원만한 합의점을 도출해낼 수 있을 것이다.

템플턴은 말한다. "내 인생에서 가장 자랑스럽게 생각하는 것 가운데 하나는 지금까지 단 한 번도 누구를 상대로 소송하지 않았다는 점입니다. 나는 열 개가 넘는 기업의 최고경영자를 맡고 있고, 이 가운데는 주주가 수십만 명인 회사도 있습니다. 하지만 나 자신이 누구를 상대로 소송을 걸지 않았을 뿐만 아니라, 나 자신이나 내가 운영하고 있는 기업 역시 지금까지 단 한 차례도 소송을 당하지 않았습니다. 정말 이렇게 될 수 있었다는 게 놀라울 따름입니다. 어떤 의미에서는 이 자체도 행복이라고 할 수 있을 것입니다.

내가 예일대에 다닐 때 산업엔지니어링을 강의했던 글렌 색슨 교수는 융합이라는 방식으로 문제를 풀어나가야 한다고 가르쳤습니다. 색슨 교수가 말한 융합이라는 방식은 서로 자신의 주장만 내세우고 상대방을 욕하는 것이 아니라 상대방이 기본적으로 우세한 부분을 양 당사자가 서로 이해하고자 애쓰는 것입니다. 상대방이 가진 설득력 있는 부분을 충분히 이해할 수 있다면 모두가 함께할 수 있는 해결책을 도출해낼 기회를 얻을 것입니다.

양쪽의 의견 차이가 왜 생겼는지 긴 안목으로 찾아보고 이를 융합하고자 한다면 두 당사자가 같은 방향에서 함께 일을 시작할 수 있을 것입니다."

우리는 적극적인 활동을 통해서도 행복을 이룰 수 있다. 많은 사람들은 직장에서 은퇴한 다음은 일종의 공백기라고 생각한다. 그저 아무 일도 하지 않고 하루 종일 앉아서 게으르게 생활한다. 하지만 행복해지고자 한다면 늘 어떤 과제를 정해서 계속 일을 해야 한다. 어떤 직업에서 물러나는 것이 합당하려면 그 직업을 떠난 다음의 빈 공간을 충분히 채울 만한 활동을 미리 정해두어야 한다. 나이가 일흔이든, 여든이든, 아흔이든 그런 건 문제 되지 않는다. 중요한 것은 항상 자신의 능력을 개발해야 한다는 점이다.

직장에서 은퇴한 이후 제대로 활동하려면 사전에 세심하게 계획을 세워두어야 한다. 자기 자신에게 새로우면서도 현실적인 목표를 세우는 게 좋다. 제대로 된 미래의 계획을 구체적으로 세심하게 세운다면 직장을 은퇴한 다음 오히려 이전의 월급쟁이 시절보다 더 많은 경제적인 보상을 받을 수 있다.

어떤 의미 있는 목표를 추구하기에는 자신이 너무 늙었다고 생각하기도 한다. 하지만 그런 경우란 거의 없다. 가령 글을 쓸 수만 있다면 수많은 길이 열려있다. 외로운 사람들에게 편지를 쓸 수 있다. 자신이 지나온 삶을 소재로 자서전을 쓸 수도 있다. 사실 우리 모두는 자신의 이야기를 갖고 있고, 똑같은 자서전이란 없다. 시를 쓸 수도 있고, 소설을 쓸 수도 있다. 물론 이 글을 출판할 수도 있다.

존 템플턴은 노년에도 어떻게 행복과 성공을 이룰 수 있는지 좋은 예를 들어준다. 그가 예일대에 다닐 때 룸메이트였던 존 브래들리 그린에게는 할머니가 있었다. 텔보트 여사로 불린 이 할머니는 부유했지만, 사업상의 일은 전혀 하지도 않았고 할 만한 일도 없었다. 이 할머니는 대신 자녀와 손자, 친구들을 돕는 일을 했다. 매년 한 차례씩 이들에게 달력을 보내준 것인데, 일년 365일 모든 날짜마다 우리의 영혼을 일깨워주는 글을 하나씩 적어두었다. 이 달력을 받아본 사람은 다들 매일같이 그날의 글을 읽고 정신적으로 감화를 받았다. 예일대에 다니고 있던 그녀의 손자는 이 글을 템플턴과 함께 읽었고, 당시 대학생이었던 템플턴은 평생 동안 이어질 큰 감동을 받았다. 실은 친구의 할머니도 남을 돕고 행복하게 해주는 활동에 자신의 마음을 집중함으로써 삶에 큰 위안이 됐을 것이다.

우리가 지금 하고 있는 일에서 행복을 이룰 수 있다는 생각을 누구보다 정확히 말해주는 사람은 캘커타의 테레사 수녀일 것이다. 그녀는 우리가 매일 길에서 만나는 사람들, 또 우리에게 가까이 있는 사람들에게 먼저 사랑을 보여주라고 말한다. 그 사람이 도시의 뒷골목을 배회하는 거지라 할지라도, 심지어는 동냥을 하면 그 돈으로 술을 마시고 마약을 하는 사람이라고 할지라도 말이다.

테레사 수녀는 이렇게 설명한다. "우리가 무엇을 줄 때는 예수님께 드리는 것입니다. 그 분은 헐벗고 굶주린 사람으로, 오갈 데 없는 사람으로 우리에게 나타나 하나님께 대한 사랑을 베풀 수 있도록 해주십니다. 다른 사람을 통하지 않고서 우리가 어떻게 하나님을 사랑할 수 있겠습니까? 예수님께서는 우리에게 행동으로 하나님을 사랑할 수 있는 기회를 주셨습니다. 우리가 살고 있는 도시에서 돈을 구걸하며 다가서는 가난한 사람의 모습으로 말입니다. 이런 가난한 사람들에게 도움을 줄 수 있는 기회를 얻었다는 점에 우리는 깊이 감사해야 합니다."

하지만 우리가 준 돈으로 걸인이 술이나 마시고 마약이나 한다면 어떻게 하겠는가? 테레사 수녀의 대답을 들어보자. "나는 자매들에게 말합니다. 야멸찬 마음으로 기적을 구하느니 차라리 너그러운 마음으로 실수를 하겠다고 말입니다. 어쩌면 그 사람은 술을 마실 수도 있겠지요. 마약을 할지도 모릅니다. 그러나 마찬가지로 빵 한 조각을 살 수도 있을 것이며, 아픈 자식을 위해 약을 살지도 모릅니다. 우리는 알 수 없습니다. 그래서 저는 아예 주지 않는 것보다는 차라리 실수를 하더라도 주어야 한다고 생각하는 겁니다. 누가 나에게 다가와서 도와달라고 하면 나는 언제든 원하는 것을 줄 겁니다."

존 템플턴은 1960년대와 1970년대 초를 지나면서 영혼이라는 문제에 관심이 더욱 깊어졌고, 그래서 하나님의 사랑과 지혜를 널리 전파하기 위한 보다 구체적이며 의미 있는 방법을 찾기 시작했다. 그 결과 시작된 것이 템플턴상Templeton Prize for Progress Toward Research or Discoveries about Spiritual Realities의 제정이었다. 이 상은 어느 종교 분야에서든 영적인 업적이 탁월한 인물을 선정해 매년 수여한다. 수상자에게 주어지는 상금은 30만 달러로 연례적으로 주어지는 어떤 상보다도 많다.(템플턴상은 1973년 첫 수상자로 테레사 수녀를 선정해 30만 달러를 수여한 이래 계속해서 상금 액수를 늘려 2002년도 수상자에게는 70만 파운드의 상금을 수여했다-옮긴이)

이 상의 제정 과정에는 템플턴 자신의 개인적인 가치관과 종교적인 신념이 그대로 반영돼 있다. 그는 우선 이 상의 상금 규모가 그 어떤 상보다도 커야 한다고 결정했다. 우리 영혼에 대한 탐구와 새로운 발견이 우리 삶의 그 어떤 분야보다 중요하다는 믿음을 전세계를 향해 말하고 싶었기 때문이다.

1970년 무렵 템플턴은 당시 영국령 바하마군도 총독이었던 써로우 경을 만나 템플턴상 수여식에 영국 여왕이 참석할 수 있는지 물었다. 노벨상 수여식에 스웨덴 국왕이 참석해 수상자에게 직접 수여하는 것처럼 말이다. 써로우 경은 템플턴을 그의 친구이자 영국 윈저 지방의 사제장인 로빈 우즈 경에게 소개시켜 주었다. 로빈 경은 그 후 템플턴의 요청을 받아들여 템플턴상 선정위원회의 초대 이사로 3년간 일했다.(템플턴상 선정위원회는 가톨릭을 포함한 기독교와 불교, 이슬람 등 전세계 주요 종교 지도자 9명으로 이사회를 구성해 수상자를 선정하고 있다-옮긴이) 또 필립 공Prince Philip, the Duke of Edinburgh(엘리자베스 2세 영국 여왕의 부군-옮긴이)은 로빈 경과의 논의를 거쳐 템플턴상 수여식에 참석하기로 했는데, 런던의 길드홀에서 800여 명의 귀빈이 참석한 가운데 열린 첫 번째 수여식에서 테레사 수녀에게 템플턴 상을 직접 수여했다. 필립 공은 이후 템플턴상 수여식에 계속 참석하고 있다.

테레사 수녀가 첫 번째 템플턴 상을 수상하기 위해 런던에 도착하자 기자들이 물었다. 왜 이곳 런던에까지 수녀원을 두었느냐고 말이다. 인도처럼 가난하고 헐벗은 사람들이 많은 곳에서야 테레사 수녀 같은 존재가 필요하다는 점을 십분 이해하겠지만 현대 문명의 중심지라고 할 수 있는 영국 최대의 도시에서 과연 테레사 수녀의 수녀원이 무슨 일을 할 수 있겠느냐는 물음이었다.

테레사 수녀는 런던에 있는 수녀원은 그 어느 곳의 수녀원보다도 더 중요하다고 말했다. 다른 대도시와 마찬가지로 런던에도 굶주리고 있는 사람들이 많으며, 이들의 상황은 먹을 것이 없어 배고파 하는 사람보다 훨씬 심각하다고 말했다. 이들은 정신적으로 굶주리고 있다는 말이었다. 정신적인 기아는 특히 세속적인 재산이 많은 부유한 사람들에게 널리 퍼져 있으며, 런던에 있는 그녀의 자매 수녀들은 이런 불행한 사람들을 돕고 있다고 설명했다.

테레사 수녀의 말 속에서 우리는 굶주림의 진정한 의미가 무엇인지 배울 수 있다. 굶주림에 대한 사전적 정의 가운데 하나는 "필요한 영양분이 없는 상태"다. 우리가 만약 목표도 없이, 또 우리에게 재능을 주신 데 대한 감사와 재발견의 과정도 없이 살아간다면 행복을 바랄 수 없을 것이다. 성공 역시 우리를 비켜갈 것이다.

제5단계를 다 읽었다면 자신에게 다음 질문을 던져보라.

1. 선물을 받았을 때보다 선물을 줄 때가 더 행복한가?
2. 다른 사람들을 도와주거나, 이들이 더 많이 알고 더 즐거워할 수 있도록 애쓰는 활동을 통해 큰 기쁨을 느끼는가?
3. 화를 내며 부딪치는 것보다는 온유한 설득이 더 상대방과의 이견을 원만하게 좁혀준다는 것을 이해했는가?
4. 늘 자기 자신을 위해 새로운 목표를 세워나가고 있는가?

5. 하루 내내 적극적으로 생활하며 진정으로 가치있는 활동을
   하고 있는가?

   이들 질문에 모두 그렇다고 답할 수 있다면 이제 제6단계로 넘
어갈 준비가 된 셈이다.

부정적인 것에서 긍정적인 면을 찾아라

Templeton Plan

제2차 세계대전이 벌어지고 있을 무렵 유행했던 조니 머서의 노래에는 이런 가사가 있다. "긍정적인 생각은 더욱 강하게, 부정적인 생각은 없애버리고……" 이 노래 구절은 존 템플턴이 갖고 있는 굳은 신념을 잘 표현해준다. 인생에서 성공하려면 반드시 긍정적인 사람이 돼야 한다. 템플턴은 오랫동안 긍정적인 행동에 관한 인용구를 모아왔는데, 회의적인 시각으로 세상을 바라보는 이들에게 도움이 되는 말들이다.

종교 분야에서 여러 권의 저작을 남긴 호레이스 러트리지가 직접 관찰한 것을 옮겨보자. "세상을 좁은 시야로 바라보면 이 세상은 정말 좁기만 하다! 세상을 비열하게만 보면 이 세상은 정말 비열하기만 하다! 세상을 이기적으로만 보면 이 세상은 정말로 이기적이다. 그러나 세상을 넓은 시야로, 관용을 갖고, 다정한 마음으로 바라본다면 이 세상에 살고 있는 진실로 훌륭한 사람들을 만나게 될 것이다."

19세기에 노예제 폐지론자로 활동했으며 작가이기도 했던 리디아 마리아 차일드는 이렇게 말했다. "기쁨에 넘친 사람들을 보면 당신 자신도 기분이 달라질 것이다. 왜 이런 즐거움을 다른 사람들에게 전해주고자 노력하지 않는가? 전쟁터에 나가서도 우울하거나 어두운 것에 대해서는 한마디도 하지 않겠다고 스스로 다짐한다면 그 싸움의 절반쯤은 이미 이긴 셈이다."

19세기 영국의 유명한 소설가였던 조지 엘리엇은 이런 말을 남겼다. "미소를 지으면 친구가 생긴다. 얼굴을 찡그리면 주름살이 생긴다. 이 세상을 다 함께 살아가기 좋은 곳으로 만들려면 우리는 과연 어떻게 살아가야 할까?"

프랑스의 철학자이자 수학자였던 파스칼은 이런 식으로 표현했다. "친절한 말에는 한 푼도 들지 않는다. 혀가 아프지도 않고 입술도 뒤틀리지 않는다. 정신적인 장애가 생기는 것도 아니다. 친절한 말은 아무런 비용도 들지 않지만 그것이 가져다 주는 것은 무척 많다. 친절한 말은 다른 사람을 기분 좋게 해준다. 그 사람의 마음속에는 친절한 말을 한 사람의 이미지가 새겨진다. 아름다운 이미지로 말이다."

작가인 J. 캔필드 몰리는 긍정적인 시각과 부정적인 시각에 대한 그의 생각을 격언 형식을 빌어 말했다. "장미꽃 덤불에 가시가 있어 불평할 수도 있고, 가시 덤불에 장미꽃이 있어 즐거울 수도 있다. 결국 당신이 어떻게 보느냐에 달려 있다."

대기업 임원을 지낸 레지날드 B. 만셀의 말을 들어보자. "비관주의자는 기회가 와도 이를 난관으로 만들어버리는 사람이다. 낙관주의자는 난관이 닥쳐도 이를 기회로 만드는 사람이다."

마지막으로 19세기 영국 소설가로 《베너티 페어Vanity Fair》를 쓴 윌리엄 메이크피스 태커리의 말을 인용하겠다. "이 세상은 거울과 같아서 그것을 바라보는 사람의 모습을 그대로 비춰준다. 눈을 치뜨고 무서운 표정으로 바라보면 당신을 향해 화내고 있는 사람이 나타날 것이다. 미소와 함께 웃으면서 바라보면 기분 좋은 친구가 한 명 나타날 것이다."

성공은 열정을 얼마나 갖고 있느냐에 따라 좌우된다. 열정을 뜻하는 "enthusiasm"의 그리스어 어원은 "in God"이다. 그러므로 열정적인 사람은 무한한 존재, 즉 신과 함께하는 사람이라고 할 수 있다.

예수는 마태복음 제7장 15-20절에서 말씀하셨다. "거짓 예언자들을 조심하라. 이들은 양의 옷을 입고 너희에게 다가서지만 그 속은 탐욕스러운 늑대다. 이들이 누구인가는 그 열매로 알 수 있다. 가시나무에서 포도를 수확할 수 있겠으며, 엉겅퀴에서 무화과를 딸 수 있겠는가? 이처럼 좋은 나무는 선한 열매를 맺고, 나쁜 나무는 악한 열매를 맺는다. 좋은 나무는 결코 악한 열매를 맺지 않으며, 나쁜 나무는 절대 선한 열매를 맺지 못한다. 그러므로 선한 열매를 맺지 못하는 나무는 모두 베어내 불에 던져버려라. 이리하여 너희는 그 열매로 그들을 알게 될 것이다."

비즈니스 세계에서, 혹은 가족간이나 사회적인 관계에서 우리를 규정짓는 것은 바로 우리가 맺는 열매들이다. 사랑과 기쁨은 모두 긍정적인 감정이며 우리 정신이 맺을 수 있는 가장 달콤한 열매들이다. 하나님은 모든 사랑의 근원이며, 이 신성한 원천을 통해 우리는 사랑을 발산하고 모을 수 있다.

이렇게 말하는 사람을 보았을 것이다. "이 세상에 사랑이란 없어." 이 사람이 사랑을 찾을 수 없었던 이유는 자신이 사랑을 주지 않았기 때문이다. 사랑은 형체가 없지만 당신이 사랑을 얻고자 굳이 애쓰지 않고 사랑을 주는 데 힘을 쏟으면 사랑은 저절로 당신에게 다가온다. 우리는 모든 사람을 깊이 사랑하고, 진실되게 사랑할 수 있도록 스스로를 단련해야 한다. 그러면 그 보답으로 우리가 사랑을 이끌어내고 있음을 발견하게 될 것이다.

이 점을 명심하라. 아무런 조건이나 제한 없이 사랑할 수 있다면 그것이 행복이다. 행복은 성공을 낳는다. 그리고 성공하는 사람은 넉넉한 마음으로 사랑한다.

하나님은 사랑의 무한한 원천이다. 당신이 얻고, 또 줄 수 있는 사랑의 크기에는 제한이 없다. 당신이 억지로 막지만 않는다면 하나님의 사랑은 당신에게 언제든 흘러갈 수 있다.

스스로를 물이 솟아나는 샘이라고 생각하라. 샘이 가득 차면 물이 바깥으로 넘쳐나게 되고, 그러면 사람들이 그 물을 마시기도 하고 정원에 물을 주고 꽃을 가꿀 수도 있다. 그것은 축복이다. 하지만 샘이 말라버리면 물도 흐르지 않을 것이고, 아무것도 자라지 않을 것이다.

상대방 앞에서 웃는 것은 다소 경솔하고 성의 없이 보인다고 생각하는 사람들이 있다. 하지만 좀처럼 즐거움을 내색하지 않는 사람 앞에서 미소를 지어 보이면 상대방이 금방 밝은 표정을 짓는다는 사실을 발견할 것이다. 이런 사람은 당신이 보여준 밝은 표정을 기다려왔고 여기에 즉시 응답한 것이다. 당신의 표정은 다른 사람의 얼굴에서 행복이 드러나게 만드는 거울이다.

긍정적인 자세를 북돋을 수 있는 또 한 가지 방법은 매일같이 새로운 변화를 기꺼이 받아들이는 것이다. 인간의 본성이란 그저 현상을 유지하려 하고 새로운 변화에 저항하고자 한다. 하지만 새로운 방식을 시도해보도록 스스로 가르쳐야 한다. 무언가 새로운 것을 배우지 않았다면 단 하루라도 그냥 보내서는 안 된다. 성공하는 삶이란 모험으로 가득 찬 것이기 때문이다.

존 템플턴은 투자자문 업무를 위해 고객들과 함께 음식점에 자주 간다. 그럴 때면 메뉴 가운데 전에는 한 번도 먹어보지 않았던 음식을 꼭 하나 시킨다. 이렇게 함으로써 이날 하루도 그 이전의 어떤 날과도 같지 않다는 점을 스스로 확인하는 것이다. 아무리 사소한 일이라 할지라도 그것은 모험이며 삶에 대한 공부라는 점을 자기 자신에게 심어주려는 노력이다.

인생에서의 성공이란 얼마나 오래 사느냐에 달려있는 것이 아니라 주어진 시간 동안 얼마나 많은 것을 담아낼 수 있느냐에 달려있다. 지금까지 다녀보지 않았던 거리를 걸어본다거나 한 번도 시켜보지 않았던 음식을 주문하는 일처럼 작은 것이라도 매일 새로운 모험을 하는 방법을 찾아보라. 그렇게 하면 당신의 삶이 더욱 넉넉해지고 생산적으로 변하며 더욱 흥미로워진다는 사실을 발견할 것이다. 이와 동시에 당신은 다른 사람에게도 기분을 돋우어 주는 사람이 될 것이다.

이와 똑같은 방법을 여행하는 데도 그대로 적용할 수 있다. 가령 적어도 10개국을 여행하면서, 여행하는 나라마다 다섯 군데 이상을 돌아보겠다는 목표를 세웠다고 하자. 이제 당신은 한번 추진해볼 만한 긍정적인 목표를 갖게 됐다. 당신은 이 목표를 충분히 이룰 수 있다는 다짐과 함께 시작할 것이다. 이와 함께 여행을 성공적으로 마칠 수 있도록 세계 여행에 대한 지식은 물론 여행할 나라들에 대한 정보도 모아나갈 것이다.

존 템플턴은 지금까지 미국의 50개 주 가운데 49개 주와 전세계 77개국을 여행했다.(이 책이 처음 출간된 1987년까지의 것으로, 템플턴은 이후에도 수많은 나라를 여행했다-옮긴이) 이처럼 풍부한 여행 경험 없이 그저 집에만 틀어박혀 있었다면 템플턴은 지금과 같은 넓은 시야를 결코 얻을 수 없었을 것이라고 생각한다. 더구나 이런 여행을 통해 정말 대단한, 새로운 투자 기회를 찾아낼 수 있었다.

자신의 영역을 넓히고 새로운 것을 시도하려는 노력은 긍정적인 자세를 더욱 강하게 만든다. 성공하는 사람은 이 같은 노력을 절대 멈추지 않는다.

템플턴이 대학을 졸업한 뒤 처음 투자자문 일을 시작했을 무렵, 필라델피아의 한 은행에 다니던 해리 J. 하스라는 친구가 있었다. 하스는 은행원들간의 모임이나 회의에서 다른 은행원들을 만나면 곧 친구처럼 지냈다. 그는 이렇게 만난 은행원들의 이름을 개인적으로 만든 카드에 일일이 적어서 그의 책상서랍 속에 파일로 보관해두었다. 그리고 나서는 이들이 승진했다거나 하는 소식이 신문에 나거나, 동정란에 이들의 이름이 오르거나, 이들과 관련된 사진이 어느 잡지에라도 게재되면 이를 눈여겨봤다가 스크랩해서 자신이 만든 카드에 붙여두었다. 그는 이렇게 해서 수천 명에 이르는 은행원의 카드를 모았다. 이들에게 좋은 소식이 있으면 반드시 축하를 보냈고, 안 좋은 소식이 있으면 위로를 전했다. 하스는 이처럼 인정 넘치는 행동으로 수천 명의 친구들을 갖게 됐고, 훗날 전미은행인협회American Bankers' Association 회장이 됐다.

하스와 같은 사람은 많은 이들의 삶에 긍정적인 힘이 되어 준다. 이런 사람은 그 어떤 부정적인 상황 속에서도 긍정적인 요소를 발견하려는 노력을 기울인다. 다른 사람에 대한 진정한 관심과 배려는 성공하는 데 아주 중요한 요인이다.

존 템플턴은 누구나 내면에 신의를 갖고 있지만 적지 않은 사람들이 이런 신의를 그냥 내버려두고 있다고 생각한다. 자기 내면 깊숙이 감춰져 있는 신의를 들추어내려면 상당한 훈련이 필요하다. 다른 사람과 얘기하면서 그 사람의 진짜 신의를 찾아보려고 애써보라. 모두가 신의를 갖고 있다. 다른 사람에게서 이런 신의를 발견해낸다면 당신은 우정과 사랑, 기쁨을 진정으로 표현할 수 있을 것이다. 이 세 가지는 우리가 성공하고 생산적인 사람이 되는 데 아주 큰 도움이 되는 것들이다.

비즈니스 관계로, 아니면 단순한 모임에서라도 누군가를 만났는데 별로 긍정적인 얘기를 할 것이 없다면 차라리 아무런 말도 하지 않는 게 최선이다. 하지만 무언가 좋은 느낌이 떠올랐다면 굳이 마음속에 담아두려 해서는 안 된다. 좋은 소식이 있다면 그것을 가장 듣고 싶어하는 사람에게 직접 전하라. 가령 정말 맑게 빛나는 눈을 가진 사람이 있어 그곳이 다 환해질 정도라면 그 사람의 눈을 칭찬해주라. 부드러운 목소리에 노래를 잘 부르는 사람이 있다면 그의 목소리가 다른 사람들을 얼마나 즐겁게 해주는지 말해주라. 어떤 사람이든 그가 갖고 있는 뛰어난 점을 발견했다면 이 사실을 알려주라. 말하는 사람 입장에서도 이렇게 말할수록 자연히 건설적이며 유용한 생각을 표현하는 습관이 길러진다는 점에서 큰 도움이 된다. 이런 말은 또 친구를 만들어준다. 부정적인 상황이었지만 이렇게 함으로써 긍정적인 측면을 찾아낼 수 있는 경우는 얼마든지 있다.

존 템플턴은 가족간의 관계에서도 긍정적인 행동이 서로를 얼마나 끈끈하게 엮어주며 사랑으로 뭉치게 하는지를 자신이 겪었던 인생 경험을 통해 이렇게 들려준다. "내가 첫 번째 부인과 사별하고 아이린을 만나 결혼했을 때 나에게는 세 자녀가 있었고, 그녀에게는 두 자녀가 있었습니다. 우리는 아이들이 한 가족처럼 느끼고 친구처럼 지내기를 원했습니다. 그래서 이 아이들을 전부 데리고 유럽으로 8주간 여행을 떠났습니다. 여행 중에는 하루 24시간 항상 같이 있어야 한다는 점 때문이었습니다.

우리 부부는 다섯 아이에 짐까지 있어 도저히 승용차 한 대로는 여행할 수 없다는 판단을 내리고 버스를 한 대 빌리기로 했습니다. 그래서 세 명의 조카까지 불러 아이 여덟 명과 두 명의 어른을 포함해 모두 열 명이 8주간의 유럽 여행에 나섰습니다.

여행을 떠나기로 하자 다른 아이들과 마찬가지로 우리 아이들도 자기 마음대로 하려고 했습니다. 하지만 출발에 앞서 우리는 매우 중요한 결정을 내렸습니다. 우리는 이렇게 말해주었습니다. '이건 너희들의 여행이고, 너희들에게는 모두 할 일이 있단다.'

괜한 다툼이 생기지 않도록 아이들 각자에게는 특별한 책임을 주었고, 자기가 맡은 분야에서는 스스로 판단하도록 했습니다. 가장 나이가 많았던 아이에게는 돈을 관리하도록 했습니다. 두 번째 아이에게는 우리가 어느 도시를 방문할 것이며, 우리가 묵을 도시에서는 어느 호텔에 투숙할 것인지 결정하도록 했습니다. 다른 아이에게는 먹을 것에 관한 한 모든 것을 책임지라고 했습니다. 한 아이는 버스에 관한 문제를 맡았고, 또 한 아이는 사진을 책임졌습니다. 우리의 방문기를 책임지고 쓰기로 한 아이도 있었는데, 이 아이는 이틀에 한 번씩 우리 일행에게서 일어난 아주 재미있는 일들을 기록했습니다. 우리는 여행 중에도 이 아이가 쓴 글을 엮어 등사기로 인쇄한 다음 친구들에게 편지로 보냈습니다.

여기서 중요한 점은 우리가 모든 아이들에게 권한을 주었다는 사실입니다. 부모인 우리 두 사람이 맡은 일은 단지 입을 꼭 다물고 있는 것이었는데, 아이들이 어쩔 수 없이 저지르는 숱한 실수를 보게 될 때는 가만히 있기가 무척 어려웠습니다.

나와 아이린의 임무는 매일 아침 아이들을 깨우고, 가방을 하나씩 다시 싸고, 버스 뒷좌석에 올라탄 다음 아이들이 호텔 숙박료를 계산하고, 봉사료를 챙기고, 다음 행선지를 결정할 때까지 기다리는 것이었습니다. 물론 입은 꼭 다문 채 말입니다.

그 해 여름 여행 기간 중 우리 일행이 저지른 가장 큰 실수는 아이들이 아닌 바로 내가 저지른 것이었습니다. 출발하면서 나는 돈을 관리하기로 한 아이에게 일주일치 경비를 전부 주었습니다. 일부가 아니라 전부를 현금으로 주다 보니 아이들에게는 난생 처음 보는 거금이었습니다. 아이들은 놀랐고, 그래서 아이들끼리 함께 모여 가능한 한 알뜰하게 운영해서 최대한 많은 돈을 남기자고 결정했습니다. 나는 앞서 돈이 남으면 아이들에게 나눠주겠다고 했는데, 이것이 내가 저지른 실수였습니다. 아이들은 돈을 남기는 데 재미가 들어서 욕실이 딸린 호텔조차 너무 비싸다며 묵지 않으려 했고, 비싼 음식점도 갑자기 싫다고 했습니다. 식료품 가게에서 음식을 사다가 버스에서 먹기도 했습니다.

호텔 숙박을 담당했던 내 아들은 그때 열일곱 살이었는데, 여덟 명의 아이들 가운데 유일하게 그 전에 유럽 여행을 해본 적이 있었습니다. 이 아이는 굳이 유럽에서는 호텔을 미리 예약할 필요가 없다는 판단을 혼자 내렸습니다. 그런데 우리가 유럽을 여행했던 시기는 여름 성수기였던 데다 그 해는 전례가 없을 정도로 관광객이 몰렸던 때였습니다. 결국 우리 일행 열 명은 호텔도 구하지 못한 채 꼼짝없이 버스에 갇혀 있어야 했습니다. 그래서 오후 다섯 시만 되면 우리가 묵을 도시에 일찌감치 도착해 아들에게 이렇게 말해야 했습니다. '우리는 여기서 차나 마시고 있을 테니, 네가 가서 우리가 잠잘 곳을 구해봐라.'

하지만 놀랍게도 어떻게 해서든 그 아이는 8주 내내 하루도 빠지지 않고 우리가 묵을 곳을 찾아냈습니다. 물론 항상 괜찮은 곳은 아니었지만 어쩌다 좋은 곳도 발견했습니다. 유고슬라비아에서는 고등학교 강당을 빌려 간이침대에서 자기도 했고, 프랑크푸르트에서는 창문도 없는 방공호를 구해오기도 했습니다.

아이들이 대부분 그렇듯이 우리와 함께 여행을 떠난 여덟 아이들 역시 무슨 일에든 불평하고 다투기를 좋아했습니다. 그 중에서도 특히 나이 어린 한 녀석이 심했는데, 이 아이는 끊임없이 불평만 하는 그런 아이였습니다. 우리는 여행을 떠나면서 이 아이에게 이렇게 말해주었습니다. '네가 할 일은 일종의 경찰이란다. 다른 사람들의 자세를 바로 잡아주는 것이지. 누구라도 남에게 불쾌한 말을 하는 걸 발견하면 그가 좋은 말을 두 가지 찾아내서 할 때까지는 아무 말도 못하도록 하는 거야.'

이 일은 정말 기가 막히게 잘 들어맞았습니다. 이 아이로 인해 다른 사람들이 함부로 불평하거나 다툴 수 없었을 뿐만 아니라 그 일을 해야 하는 이 아이도 스스로 자제할 수밖에 없었습니다. 이 아이는 자신의 타고난 활달한 성격을 되찾았습니다."

비교하는 것만큼, 특히 사람과 사람을 비교하는 것만큼 비위를 상하게 하는 비판은 없다. 비교한다는 것 자체가 원래 부정적인 것이다. 스스로 이렇게 말하지 않도록 하라. "이 여자가 저 여자보다 예뻐." 혹은 "나는 사과보다 배를 더 좋아해." 이런 식으로 말이다. 제아무리 사실이 그렇지 않다 하더라도 비교한다는 것은 사람들에게 부정적인 인상을 주고 상처를 입히기도 한다. 성공하는 사람은 어떤 식으로든 비교하지 말아야 한다는 것을 잘 알고 있다.

대신 이렇게 말한다. "이 여자 정말 예쁘구나!" 혹은 "나는 사과를 엄청나게 좋아해." 이런 식으로 말이다. 똑같은 생각이지만 굳이 비교하지 않고서도 자기 마음을 표현할 수 있는 것이다.

존 템플턴은 자신이 어떻게 해서 이 같은 교훈을 배우게 되었는지 뼈아픈 경험과 함께 이렇게 들려준다. "내가 젊었던 시절 아는 집에서 파티를 열었습니다. 그 파티에 마침 한 젊은 여성이 왔는데, 그녀는 저에게 관심이 많았습니다. 파티를 연 주최자는 그녀를 내 곁에 몰래 데리고 와서는 모른 척하고 그녀에 대해서 내게 물어봤습니다. 나는 이때 비교를 하면서 답했지요. 당연히 내가 의도하지도 않은 부정적인 말들이 무심코 섞여 나왔습니다. 나중에 그녀가 내 말을 들었다는 사실을 알았을 때 정말 부끄러웠습니다. 나는 뒤늦게 그게 아니라며 친구에게 진실을 말했습니다. 하지만 나는 비교해서는 안 된다는 교훈을 배워야 했습니다. 무슨 말을 할 때건 논의의 대상이 되는 사람이 자신의 말을 한마디 한마디 모두 듣고 있다고 생각해야 합니다. 그러면 자신의 판단에 대해 좀더 신중해지고 조심스러워질 수 있습니다. 이런 행동이 성공을 가능케 합니다."

성공하고자 하는 사람이라면 부정적인 상황에서도 긍정적인 면을 찾고자 노력한다. 당연히 이들은 괜한 뜬소문 따위는 입에 올리지 않는다. 뜬소문이란 대개가 나쁜 것들이고, 과장되거나 왜곡된 경우가 허다하기 때문이다. 성공하려는 의지가 있고, 비즈니스의 세계에서 존경 받고 싶다면 뜬소문은 절대 입에 올리지 않도록 애써야 한다.

다른 사람에 대해 좋게 말하고, 비교하지 않으며, 뜬소문을 입에 올리지 않는 것은 삶에 대한 긍정적인 자세다. 우리가 부딪치는 상황은 대부분 두 가지 방식으로 해석할 수 있다. 어떻게 해석하는가는 당신의 시각에 달려있다. 똑같은 상황에 부딪치더라도 어떤 사람은 긍정적인 자세를 취할 수 있는 반면 어떤 사람은 부정적인 자세를 갖는다. 물이 반쯤 차 있는 유리잔을 바라보며 두 사람이 얘기하는 경우를 들어보자. 다들 잘 알고 있겠지만 한 사람은 유리잔의 반이 비어 있다고 말하고, 다른 사람은 반이나 차 있다고 말한다. 우리는 부정적인 데서도 긍정적인 모습을 발견함으로써, 즉 유리잔을 바라보며 반이나 차 있다고 말함으로써 스스로의 시각을 아래가 아니라 위를 지향하도록 단련할 수 있다. 행복을 가져다 줄 수 있는 두 가지 확실한 방법은 다른 사람들과의 관계에서 비교하지 말고, 뜬소문을 입에 올리지 않는 것이다.

존 템플턴은 가능하면 책을 읽는 시간 가운데 일부라도 할애해 우리의 정신을 맑게 해주는 책을 읽으라고 권한다. 우리의 영혼을 일깨워주는 책이나 잡지들은 비즈니스 세계에서의 성공과 정신적으로 고양된 삶을 하나로 엮어준다. 영혼을 일깨워주는 책을 읽는다는 것은 성공 포트폴리오의 필수적인 요소다.

수십만 명의 회원이 참여하고 있는 가톨릭 조직인 크리스토퍼스Christophers의 모토는 "어둠을 저주하느니 촛불 하나를 밝히는 게 더 낫다"는 것이다. 이런 가르침을 잊지 않고 살아간다면 자기도 모르게 성공을 향해 나아갈 것이다.

어둠 속에서 촛불을 밝혀보라. 그러면 자신의 삶은 물론 주변 사람들의 삶도 비춰줄 것이다. 그리고 이 불빛은 자기가 세운 목표로 자신을 이끌어줄 것이다.

제6단계를 요약해보자.

어떤 것이든 긍정적인 모습으로 나타낼 수 있다면 사람들간에 조화를 가져오고 생산적인 변화를 낳게 된다. 실제로 이렇게 해 보면 당신도 어떤 상황에서든 긍정적인 측면을 발견할 수 있다.

1. A라는 사람과 얘기하면서 B라는 사람의 인격에 대해 비판하고 있다면 당장 그만두라. 그렇게 하고 싶은 충동도 억누르라. 특히 성공과 행복을 이루지 못하게 만드는 가장 부정적인 요인은 다름아닌 뜬소문이라는 사실을 명심하라.
2. 비교하지 말라. 비교하는 것은 긍정적인 데서 부정적인 것을 만드는 것이다.
3. 당신의 인생은 삶을 배워가는 학습장이라는 점을 명심하라. 아무리 하찮은 일일지라도 매일 새로운 무언가를 배움으로써 이를 실천할 수 있다. 자신의 영역을 더 넓힐 수도 있다. 새로운 경험을 위한 기회를 버리지 않음으로써 더 많은 지식을 쌓을 수도 있다. 가능한 한 많은 여행을 다녀봄으로써 견문을 넓히고, 다양한 환경에서 성장한 새로운 사람들도 만나볼 수 있다.
4. 영혼을 일깨워주는 글을 읽으라. 맑은 영혼은 긍정적인 인간의 핵심이다.

일에 자신의 전부를 투자하라

Templeton Plan

"나는 막대 폭죽 두 개 살 거야!" 한 어린아이가 외쳤다.

"회전 불꽃 하나 줘!" 다른 아이가 소리질렀다.

"나는 그냥 폭죽 세 개!" 또 다른 아이가 손을 내밀었다.

즉시 돈이 건네졌고, 폭죽은 날개 돋친 듯 팔려나갔다. 독립기념일의 불꽃놀이 축제를 겨냥해 노련한 장사꾼이 어린아이들에게 폭죽을 파는 것이라고 생각하면 오산이다.

물건을 팔고 있는 사람은 여덟 살짜리 존 템플턴이었다. 템플턴은 폭죽 '시장'이 있음을 알아챘고, 지금 거기서 수익을 거두고 있는 중이었다. 템플턴은 이처럼 어린 시절에, 그의 고향이었던 테네시 주 윈체스터에서 막 사업의 세계로 첫 발을 내딛고 있었다. 아직 어린아이에 불과했지만 그가 보여준 개인적 소질은 돋보이는 것이었다. 자신의 생각을 실제 행동으로 옮기고 신중하게 앞날을 계획할 수 있는 능력, 그리고 자신에게 닥친 일에 스스로 전력 투구하는 자세가 그것이다.

어린 나이였지만 템플턴은 열심히 노력한 대가를 얻을 수 있었다. 어떻게 가능했을까?

당시 윈체스터에는 폭죽 가게가 하나도 없었다. 시장은 공백 상태였고, 그에게는 이것이 기회였다. 그는 어떻게 하면 폭죽을 할인된 가격으로 대량 구입해 친구들에게 제값을 받고 팔아 수익을 거둘 수 있을지 연구했다. 부지런히 이곳 저곳을 탐색해본 결과 오하이오 주 신시내티에 있는 우편배달 판매점을 알아냈다. 독립기념일을 한 달 앞두고 그는 막대 폭죽과 회전 불꽃, 산발 폭죽 등 온갖 폭죽들을 주문했다. 아이들이 원하는 것은 무엇이든 주문했다. 마침내 7월 4일 독립기념일이 되자 그는 책가방 가득히 자신의 상품을 채워 넣고 교실로 향했다. 그러고는 같은 반 친구들에게 아주 좋은 값을 받고 폭죽을 팔았다.

어린 나이의 존 템플턴은 일찌감치 가장 중요한 성공 비결 가운데 하나를 배운 셈이었다. 열심히 일한다는 것이 얼마나 중요한 것인가를 말이다. 그는 평생에 걸쳐 한 순간도 근면한 자세를 잊지 않았고, 이에 대해 단 한번도 후회해본 적이 없다.

독서광이기도 한 템플턴은 근면함이 얼마나 중요하며, 또 어떻게 성공으로 이끌어주는지를 알려주는 수많은 구절들을 모았다. 그가 좋아하는 몇 가지를 소개한다.

대법원장을 지낸 찰스 에반스 휴즈는 자신의 신념을 이렇게 밝혔다. "열심히, 더 오랫동안 일하라. 인간이란 근심과 무절제로 인해 파탄할지언정 결코 일을 많이 해서 부서지지는 않는다."

자동차 업계의 거목이었던 해로 허버트 커티스의 충고를 들어보자. "자신의 일을 한 번 할 때마다 이전보다 더 잘하도록 하라. 다른 누구보다도 더 잘하도록 하라. 더 이상의 부족함이 없을 정도로 잘해보라. 아무리 어려운 일이 주어져도 당신 혼자서 처리하도록 하라. 이런 말을 하면 고리타분하게 들릴 것이다. 하지만 세상이 오늘처럼 발전할 수 있었던 것은 바로 이런 자세 덕분이었다."

성공을 위한 인생 지침서를 여러 권 저술한 그렌빌 크라이저는 이런 믿음을 가졌다. "노동은 명예로운 것이다. 일을 함으로써 우리는 영혼을 치유할 수 있다. 그러나 그 이상이다. 노동은 우리의 삶 그 자체며, 일을 하지 않는 인생은 초라할 뿐이다."

출판인이자 저술가였던 윌리엄 피더는 이런 글을 남겼다. "영광은 정말로 긴요한 일을 성공적으로 수행한 사람에게 돌아간다. 이런 긴요한 과업을 성공적으로 수행하는 방법은 매일매일의 일에 최선을 다하는 것이다. 마치 기회의 눈이 우리를 항상 주시하고 있다고 생각하면서 행동하듯이 말이다. 100미터 달리기 경주에서 1등으로 골인한 선수가 다른 선수들보다 몇 미터씩 앞서는 건 아니다. 1등과 2등의 차이는 1미터도 채 되지 않는다. 비즈니스 세계에서도 이런 경우를 자주 발견한다. 진짜 대단한 성공은 오랫동안 생각하고, 치밀하게 계획을 세웠다고 해서 얻어지는 게 아니다. 실은 매일매일 일상적인 일을 하면서 뿌린 씨앗이 결실을 맺은 것이다."

19세기 스코틀랜드의 전기작가였던 시어도어 마틴 경의 말을 들어보자. "일을 한다는 것은 인생의 진수眞髓다. 그런 점에서 사업가는 이 세상에서 가장 행복한 사람이다. 어느 분야에서 어떤 직업을 가졌든 최고의 평판은 오로지 불굴의 자세로 열심히 일함으로써 얻을 수 있다. 스스로 완벽하다고 믿지 말라. 자신이 오랫동안 열심히 노력했다 하더라도 스스로 완벽하다고 생각하는 순간 후퇴하기 시작하는 것이다."

역시 스코틀랜드의 역사가이자 수필가였던 토마스 칼라일은 이렇게 말했다. "묵묵히 일하는 사람, 한 분야에서 달인의 경지에 오른 사람이 자신의 일을 제대로 수행하고 있다는 데 대해 갖는 긍지는 무엇보다 소중한 자산이다. 군인의 명예와 마찬가지로 이는 생명보다 더 소중한 것이다."

자동차 왕 헨리 포드는 이런 믿음을 피력했다. "일하지 않는 사람은 절대 올바른 생각을 할 수 없다. 게으름은 비뚤어진 마음을 갖게 한다. 긍정적인 행동이 따르지 않는 사고는 병균과 같다."

작가인 야곱 코르사렌이 주는 충고는 더욱 절실하다. "당신이 가난하다면 일하라. 당신이 너무나 부당할 정도로 많은 책임을 지고 있다고 생각되면 일하라. 당신이 행복하다면 일하라. 나태할수록 의심과 두려움이 커진다. 실망스러울 때도 마음을 바로잡고 일에 집중하라. 슬픔이 몰려오고 사랑했던 사람이 떠나갔다면 일하라. 건강이 나빠졌다면 일하라. 믿음이 흔들리고 제 정신을 차리기 어려울 때면 일하라. 꿈이 사라지고 희망도 물거품이 됐다면 일하라. 당신의 인생이 절체절명의 순간에 직면해 있더라도 일하라. 정말로 그래야 한다. 그 어떤 괴로움이 찾아와도 일하라. 신념을 갖고, 믿음 있는 자세로 일하라. 일이야말로 정신적인 고통과 육체적인 고통을 모두 치유해줄 수 있는 가장 좋은 약이다."

영국의 정치가이자 서간문 형식의 글로 유명한 체스터필드 경은 이렇게 말했다. "해야 할 일이 적은 사람일수록 시간이 없다고 아우성친다. 하품이나 하고, 푸념만 늘어놓으면서 시간만 있으면 언제든 할 수 있다고 말하는 사람은 사실 아무것도 해내지 못한다. 반면 정말로 중요한 사업을 하고 일거리도 많은 사람은 일에 전념한다. 이런 사람은 그래서 언제나 일을 완수하기에 충분한 시간을 만들어낸다."

정신과 의사였던 W. 베런 울페는 이런 식으로 설명했다. "진실로 행복한 사람을 잘 찾아보라. 이런 사람들이란 배를 만들고 있거나, 교향곡을 쓰고 있거나, 아이들을 가르치고 있거나, 꽃을 가꾸고 있거나, 사막에서 공룡 화석을 발굴하고 있을 것이다. 이런 사람들은 마치 행복이 깊은 땅 속에 숨어있는 황금덩어리인양 행복 그 자체를 목표로 삼아 이곳 저곳을 방황하는 그런 사람들이 아니다. 24시간으로 꽉 채워진 하루하루의 삶 속에서 행복을 느끼는 그런 사람들이다."

미국의 제30대 대통령을 지낸 캘빈 쿨리지는 확신에 찬 목소리로 이렇게 말했다. "성장이란 행동을 통해 이뤄진다. 노력하지 않고서는 정신적으로나 육체적으로 아무런 발전을 이룰 수 없다. 노력이란 일이다. 일이란 기피해야 할 대상이 아니다. 일이란 지적 진보의 특권이며, 인간적인 성장을 위한 유일한 수단이며, 인류 문명의 척도다."

그리스의 희곡 작가였던 안티파네스가 남긴 말은 아주 간결하다. "모든 것은 부지런한 데서 나온다."

최선을 다해서 일하는 사람은 별로 없다. 그러면서도 우리는 자신이 매우 열심히 일하고 있다고 생각한다. 하지만 열 중 아홉은 일하는 시간보다 낭비하는 시간이 더 많다.

성공하는 사람은 귀중한 시간을 낭비하지 않는 방법을 알고 있다. 가령 자신의 직업에 도움이 되는 책을 항상 갖고 다니면서 읽는 것은 매우 유익하다. 약속 시간보다 조금 일찍 도착했을 때, 혹은 버스나 지하철을 타고 가면서 한두 페이지라도 읽을 수 있다. 그만큼 시간을 유용하게 쓸 수 있는 것이다.

가방 안에 녹음기를 하나 넣어두는 것도 좋은 방법이다. 갑자기 좋은 아이디어가 떠올랐거나 누군가에게 전달하고 싶은 메시지가 있을 때 잘 활용할 수 있다. 그렇게 함으로써 자칫 버려졌을 시간을 활용할 수 있는 것이다. 자신의 직업에서 성공하려면 이처럼 작은 방법들을 찾아야 한다. 자기도 모르게 낭비해버렸을 시간의 조각들을 모을 수만 있다면 진정으로 열심히 일한다는 게 무엇인지 깨달을 것이다.

존 템플턴은 젊은 시절 투자 상담을 원하는 고객을 만나러 나갈 때면 반드시 약속 시간보다 일찍 도착했고, 어느새 몸에 밴 습관이 됐다. 언제나 스케줄을 미리 챙길 수 있도록 자신의 시계를 10분 정도 빠르게 맞춰 놓았다. 지금도 이 습관은 그대로 이어지고 있다. 약속 장소에 나가서는 상대를 기다리는 여유 시간에 책을 읽었다.

템플턴이 고안해 낸 시간을 절약하는 또 하나의 방법은 한 번에 두 가지 생각을 하는 것이다. 가령 강의를 하면서 동시에 다음날 계획을 구상하는 식이다. 우리에게 시간은 한정돼 있다. 한 가지 일을 하면서 다른 생각을 함께 하는 것도 가능하다.

이상하게 보일지 모르지만 사고의 범위를 아주 넓혀 의식적으로 한꺼번에 여러 가지를 생각하면 오히려 실수가 줄어들고 더 많은 일을 처리할 수 있다. 예를 들어 지금 누군가와 대화를 나누고 있다면 대화를 하면서 동시에 이 대화의 목적이 무엇인지 생각을 집중해보라. 책을 쓰거나 기사 취재를 위한 것인가? 설득하기 위한 것인가? 토론을 통해 새로운 아이디어를 얻고, 당신의 시각을 보다 정교하게 가다듬기 위한 것인가?

대화를 하면서 생각해보라. 물론 대화를 나누면서, 독서를 하면서 다른 생각을 집중해서 할 수 있기까지는 상당한 훈련이 필요하다. 하지만 그런 기술을 익히기만 하면 하루 24시간이 더 길어지고, 하루에 할 수 있는 일의 양이 훨씬 늘어난다는 사실에 놀랄 것이다.

열심히 일하는 비결을 깨닫게 되면 성공이 눈앞에 보인다. 상을 받고, 장학금을 받으면서 자연히 올바른 방향으로 눈을 돌리게 된다. 굳이 큰 상이 아니라도 괜찮다. 학교에서 받아쓰기 점수가 좋아서, 혹은 수영 대회에서 입상해 리본을 상으로 받았다고 해도 좋다. 크건 작건 상을 받으면 스스로 그 상을 받을 만한 자격이 있음을 보여주기 위해서라도 더 열심히 일하게 된다. 일단 상을 한 번 타면 다시 또 상을 받기 위해 더욱 열심히 일할 것이다.

요즘 같은 신용사회에서는 일단 신용카드로 물건을 사고 돈은 나중에 지불해도 된다는 식의 광고가 넘쳐난다. 하지만 이런 방식은 좋은 것이 아니다. 여기에 깔려있는 기본 생각은 오히려 위험스럽기까지 하다. 우리가 돈을 벌기도 전에 그 결실을 이미 맛보는 것이기 때문이다. "지금 현재의 삶"에 충실해야 한다는 원칙에 다소 어긋난다 하더라도 자녀들에게는 반드시 "먼저 공부하고 나중에 놀아야 한다"고 가르쳐야 한다. 어렸을 때부터 숙제를 학교에서 마치거나 집에 돌아오자마자 끝내는 학생은 스스로 책임감과 근면의 의미를 터득할 것이다. 이런 학생은 선생님과 부모님을 기쁘게 하고, 자기 자신도 즐거워진다. 학교에서 자랑스러운 학생으로 선정되고 장학금도 받을 것이다. 이런 학생은 여가 시간 역시 값지게 보낸다. 자신이 할 일을 다 끝내고 얻어낸 여가 시간이기 때문이다. 이런 학생은 이미 성공 가도를 달리고 있는 셈이다. 성공하는 데 필요한 가장 중요한 열쇠를 배웠기 때문이다. 일을 완전히 마치기 전까지는 즐거움을 미뤄라.

존 템플턴이 자신의 첫 정규 직장인 댈러스의 한 석유회사에서 근무할 때의 일이다. 그는 매일 자신의 상관이 언제 회사에 출근하고 언제 퇴근하는지 유심히 살펴봤다. 그리고는 자신의 일정을 바꿔 언제나 그 상관보다 일찍 출근하고 늦게 퇴근했다. 템플턴은 자신이 이 회사에서 고속 승진을 하게 된 비결은 상관들에게 언제든 더 많은 시간을 일하고자 한다는 강한 인상을 심어주었기 때문이라고 말한다. 그에게는 '일벌레'라는 애칭이 붙여졌다. 어느 회사에서든 이런 일벌레는 가장 빨리 승진하게 마련이다.

존 템플턴이 근면함의 의미를 진정으로 깨달은 것은 예일대에서 1학년을 마친 1931년이었다. 어느 날 아버지가 말했다. "존, 네 대학 학비로 더 이상 1달러도 줄 수 없구나. 이제 나는 대공황의 파고를 헤쳐나갈 여력이 바닥난 상태다."

미래의 희망에 부풀어 있던 젊은 템플턴에게는 청천벽력과도 같은 말이었다. 그러나 템플턴은 충격을 이겨내고 새로운 답을 찾아보기로 했다. 직장을 구할 것인가, 아니면 학업을 계속할 것인가? 그는 기도를 드리고 나서 가족과 친구들로부터 조언을 구했다. 그는 이들의 조언과 제안을 하나씩 신중하게 검토해봤다. 그 중에는 삼촌인 왓슨 G. 템플턴의 제안도 있었다. 3년 후 대학을 졸업한 다음 삼촌이 바라는 대로 일한다는 조건으로 그에게 200달러를 빌려주겠다는 것이었다.

템플턴은 우선 삼촌에게서 돈을 빌리기로 했다. 무엇이든 "할 수 있다"는 긍정적인 결의와 함께 그는 예일대로 돌아가 학업을 마칠 수 있는 자금을 마련하기 위해 동분서주하기 시작했다. 학교에 도착하자마자 그는 학생처장을 맡고 있던 오그덴 밀러를 찾아가 자신의 처지를 설명했다.

템플턴은 1학년 성적이 매우 뛰어나 장학금을 받을 수 있었을 뿐만 아니라 교내 아르바이트 자리도 구할 수 있었다. 만만치 않은 조건이 붙어 있었지만 삼촌이 빌려준 돈으로 일단 2학년 첫 학기 등록도 마칠 수 있었다. 이제 이 모든 것을 그에게 유리한 쪽으로 바꾸어 놓기 위해서는 오로지 최선의 노력을 다하고, 끝까지 전력 투구하는 수밖에 없었다.

이 기간 동안 그가 배운 한 가지 교훈은 "반드시 약속한 것보다 더 많은 것을 해내야 한다"는 것이었다. 또 다른 교훈도 배웠다. "힘들게 느껴질 때는 하나님께서 우리에게 가르침을 주고자 할 때다." 무엇보다 중요한 점은 자신의 학비를 스스로 벌어야 한다는 사실 덕분에 근면과 절약의 의미를 배웠다는 것이다.

템플턴은 말한다. "내가 예일대를 졸업하려면 장학금을 하나가 아니라 여러 개를 동시에 받아야만 했습니다. 이를 위해서는 반드시 1등을 차지해야 했습니다. 덕분에 나는 내 인생에서 처음으로 정말 열심히 공부하는 학생이 됐습니다. 대학 재학 시절을 통틀어 매 학기마다 적어도 두 개의 장학금을 받았고, 3학년을 마쳤을 때는 우리 학급에서 최고 점수를 받았습니다."

그의 말은 이어진다. "어떻게 이런 일이 가능했겠습니까? 나는 결코 우리 학급에서 가장 똑똑한 학생이 아니었습니다. 나보다 훨씬 머리가 좋고 아는 것도 많은 학생이 열 명은 넘었습니다. 하지만 나는 열심히 공부해야 한다는 사실을 깨달았고, 그것은 단순한 지적인 능력보다 훨씬 중요한 것이었습니다. 성공이란 당신이 얼마나 많은 재능을 갖고 있느냐가 아니라 그 재능을 얼마나 잘 개발하느냐에 달려있습니다."

대학에서 시험 볼 때 좋은 점수를 받으려면 최대한 많은 문제를 가능한 한 정확하게 답해야 한다. 이를 위해 템플턴이 터득한 비결은 어려워 보이는 문제에는 절대 무리하게 매달리지 않는 것이었다. 가령 열 문항이 나왔다면 일단 재빨리 문제를 훑어보고 확실하게 아는 문제만 답을 한다. 아는 문제는 아주 정확하고 분명하게 답을 쓴다. 그 다음 다른 문제를 풀어나간다. 그렇게 했는데도 시험시간이 끝난 뒤 미처 풀지 못한 문제가 있다면 그 문제는 어차피 답을 하지 못할 문제였다고 봐야 한다.

풀지 못할 문제를 붙잡고 시간을 낭비하는 대신 할 수 있는 분야에서 더 전진해야 한다. 이것이 인생에서 성공할 수 있는 귀중한 습관이다.

성공하는 사람들, 특히 시간 관리를 잘하는 사람들은 결코 텔레비전에서 뉴스를 얻지 않는다고 존 템플턴은 믿는다. 시간을 너무 많이 허비하기 때문이다. 30분짜리 뉴스 프로그램을 보려면 광고도 봐야 하고 실제로 중요한 뉴스는 몇 가지 되지도 않는다. 시간을 소중히 여기며 열심히 사는 사람이라면 유익한 신문을 하나 읽는 게 훨씬 효과적이다. 신문은 10분만 봐도 칼럼을 대충 훑어볼 수 있고, 중요한 기사의 제목도 읽어볼 수 있으며, 관심 분야의 기사에도 눈길을 줄 수 있다. 텔레비전 뉴스를 30분 보는 것보다 신문을 10분 읽음으로써 10배나 더 많은 정보를 얻을 수 있다. 템플턴은 심지어 1년에 텔레비전을 100시간 이상 보는 사람은 결코 성공할 수 없다고 단언할 정도다.

성공하고자 하는 사람이라면 반드시 중요한 내용을 빠르게 훑어보는 기술을 익혀야 한다. 어느 분야에 있든 우리가 살아가면서 읽어야만 할 인쇄물들은 엄청나게 많다. 그 중에서 가장 도움이 될 만할 것들을 선택할 수 있어야 한다. 빠르게 훑어보는 기술을 익히면 일의 능률이 최소한 두 배는 오를 것이다. 이런 기술이 몸에 배면 자신과 관계 없는 내용을 읽느라 힘들게 고생할 필요도 없어진다. 중요하지 않은 하찮은 것들은 과감히 넘어가고, 정말로 중요한 것들만 찾아 읽으라.

코르사렌이 말했듯이 "힘들 때는 일이 정신적으로나 육체적으로나 어려움을 극복하는 최고의 치유책"이다. 템플턴이 예일대 2학년 때부터 보여준 것처럼 자신의 일에 더욱 열심히 매진하는 것이 무엇보다 중요하다. 자기에게 맞는 일이 주어지지 않는다고 불평하는 사람들이 많다. 만일 이런 사람들이 받으려고만 하지 말고 주려고 한다면 이들은 훨씬 더 나아질 수 있을 것이다. 스스로 이렇게 물어보라. "어떻게 하면 나의 재능과 노력으로 다른 사람들을 즐겁게 해줄 수 있을까?" 단순히 이렇게 말해서는 안 된다. "나에게 월급이 많은 좋은 일자리를 달라."

영업 분야의 경우가 아주 적합한 예가 될 것 같다. 많은 기업들이 영업책임자의 급여 지급방식을 가능한 한 성과급으로 하려고 한다. 이런 회사에서 빨리 성공하고 싶다면 우선 자신의 관심 분야와 가까운 업종을 택해야 한다. 그리고 이 회사의 최고경영자 앞에 가서 이렇게 말하는 것이다. "저에게 따로 고정급을 줄 필요는 없습니다. 별도의 활동비도 요구하지 않겠습니다. 오로지 이 회사의 제품을 제가 팔 수 있게 해주십시오." 그리고 일단 영업책임자가 되면 이제 하루 몇 시간을 일할 것이며, 얼마나 멋지게 일할 것인지 자신이 결정할 수 있다. 기억하라. 신이 당신에게 부여한 전능의 힘은 바로 일에서 나온다.

영국 총리를 지낸 마가렛 대처 여사는 재임 중 아주 훌륭한 고용 프로그램을 시행했는데, 이 방식은 다른 나라 정부도 참고할 필요가 있다. 이 고용 프로그램은 실업자에게 자신의 사업을 할 수 있도록 자금을 대주는 일종의 창업 지원 계획이다. 이 프로그램에 따라 많은 실업자가 창업 자금을 지원 받아 노점 구두닦이를 시작하기도 했고, 바닷가에 작은 음식점을 내기도 했다. 정부 자금을 지원 받아 열심히 일한 실업자들은 곧 성공해 다른 실업자들을 추가로 고용했고, 그 결과 실업자는 크게 줄었다. 물론 이 프로그램이 성공할 수 있었던 것은 자금을 지원 받은 실업자들이 열심히 일한 덕분이었다. 우리 인생에서의 모든 계획과 마찬가지로 말이다.

존 템플턴이 꼭 필요하다고 말하고, 자신에게도 적용하려고 애쓰는 성공의 또 한 가지 열쇠는 일주일에 하루는 일에서 벗어나 온전히 정신적인 고양을 위해 쓰는 것이다. 자신의 안식일인 셈이다. 반드시 토요일이나 일요일일 필요는 없다. 교회에 가지 않는 사람들도 자선사업이나 정신적인 성숙을 위한 활동을 하면서 안식일을 가져야 한다.

성공을 향한 계단을 오르다 보면 매일같이, 또 매시간마다 목표를 위해 전진해야 하지만 필요한 수면을 취하는 것이 절대적으로 중요하다. 존 템플턴은 평생을 살아오면서 하루 15시간씩, 일주일에 6일을 꼬박 일해왔다. 하지만 반드시 하루에 7시간은 잠을 잤다. 적절한 휴식이 없으면 에너지도 고갈된다. 어린 시절부터 이어온 그의 이 같은 삶의 자세는 감리교회의 개척자인 존 웨슬리의 근면 정신에서 비롯된 시간과 에너지의 적절한 배분에 따른 것이라고 할 수 있다. 웨슬리는 나이 여든다섯이 되던 날의 일기에 이렇게 적었다.

　나는 이제 내 인생의 여든다섯 번째 해를 맞는다. 나는 왜 그 동안 하나님께 내 영혼의 축복을, 내 육체의 축복을 빌어왔던가! (……) 하나님께서 오늘의 내가 있도록 나에게 이런 소명을 주신 이유는 무엇일까? 그것은 무엇보다 내가 주어진 소명에 따라 열심히 일하고, 또 내가 그렇게 한 데 대해 기뻐하셨을 전지전능하신 하나님의 뜻이었기 때문이리라. 그리고 하나님을 향해 무릎 꿇은 우리 자손들의 기도 때문이리라.

　가련한 우리 인간에게 이런 소명을 주지 않으셨다면

1. 내가 계속 활동하고 휴식을 취할 수 있었을까?
2. 내가 태어난 이래 아플 때나 건강할 때나, 뭍에 있건 바다에 있건 늘 깊은 수면을 취할 수 있었을까?
3. 밤이건 낮이건 내가 너무 지쳤다고 느껴졌을 때 마음대로 잘 수 있었을까?
4. 지난 60여 년간 매일 아침 4시면 어김없이 잠에서 깨어날 수 있었을까?
5. 지난 50여 년간 매일 아침 5시에 항상 설교를 할 수 있었을까?
6. 내 인생을 통해 이처럼 적은 상처와 슬픔, 의심을 가지고 살아갈 수 있었을까?

웨슬리와 마찬가지로 존 템플턴도 긍정적이며, 성공을 지향하고, 정신적 압박을 스스로 제어할 줄 아는 마음가짐을 가졌다. 또 웨슬리가 지적했듯이 규칙적으로 충분한 수면과 휴식을 가져야 모든 일을 하는 데 최고의 능률을 올릴 수 있다는 사실을 템플턴은 어려서부터 알고 있었다.

열심히 일하고자 한다면 매일 아침 한 시간 일찍 직장에 출근하는 습관을 가져야 한다. 그 시간에는 전화도 오지 않고, 누가 간섭할 일도 없으므로 평상시 같으면 두세 시간 걸릴 일을 한 시간 안에 마칠 수 있다. 일찍 일어나는 새가 벌레를 잡듯이 일찍 출근하면 직업적인 측면에서도 더 빨리 전진할 수 있는 것이다.

결론적으로 말하겠다. 열심히 일해서 번 돈은 의미 있는 돈이다. 많은 사람들, 어쩌면 대부분의 사람들에게 쉽게 번 돈은 독이다. 이렇게 말하는 사람들이 많다. "아, 나에게 10만 달러만 있다면 정말 행복할 텐데." 하지만 도박이나 복권에 당첨돼, 혹은 우연한 행운으로 갑자기 큰돈을 벌어들인 사람들을 잘 살펴보라. 이들 누구도 만족하지 않고 있다는 사실을 발견할 것이다.

왜 그럴까? 쉽게 번 돈과 열심히 일해서 번 돈은 성격이 완전히 다르기 때문이다. 자신의 전부를 자기 일에 투자할 줄 아는 사람은 성공한다. 이들은 자신이 일한 만큼 번다. 이들은 돈의 가치를 알 뿐만 아니라 자기 자신의 가치를 알고 있다. 바로 이런 사람들이 언제나 성공한다.

8단계로 넘어가기에 앞서 다음 사항들을 충분히 깨달았는지 확인해보자. 성공과 행복을 향해 한 걸음씩 올라갈 때 반드시 필요한 내용들이다.

1. 행동으로 옮겨 열심히 일하지 않는다면 아이디어는 그저 아이
   디어에 그칠 뿐이다.
2. 문제가 있다면 그것을 기회로 바꿀 수 있는 방법을 찾아보라.
3. 당신의 인생이 지금 위기에 처해있다고 생각하고 일하라.
4. 항상 책을 끼고 다니면 도서관을 가지고 다니는 것과 같다.
5. 한 번에 두 가지 생각을 할 수 있도록 훈련하라.
6. 항상 시간을 아껴라.
7. 일이 다 끝날 때까지 즐거운 일은 뒤로 미루라.
8. 약속한 것은 반드시 이행하고, 또 그 이상을 함으로써 스스로
   명성을 쌓아나가라.

Step 08
자신의 행운을 만들어가라

Templeton Plan

존 템플턴은 행운에 대해 이렇게 말한다. "많은 사람들이 마치 동전 던지기 식의 운에 따라 성공이 이뤄진다고 생각합니다. 물론 우리가 하는 일들 가운데는 우연이라는 요소가 개입되는 경우가 있습니다. 가령 타이밍이 중요한 일들이 그렇습니다. 하지만 행운이란 열심히 일하고 성공을 준비하고 있을 때만 찾아옵니다. 아무런 준비도 없이, 땀 한 방울 흘리지 않은 채 행운이 오기를 기다린다면 그건 공염불에 불과할 뿐입니다."

템플턴은 행운의 의미를 설명한 많은 인용구를 모아두었다. 이 구절들은 성공을 모색하는 이들에게 도움이 될 것이다.

프랑스의 작가이자 문학평론가 빅토르 셰브리즈의 설명을 들어보자. "행운이란 이런 사람에게 찾아온다. 항상 기회를 준비하는 사람, 쉬지 않고 꾸준히 노력하는 사람, 안락함과 자만심을 버린 사람, 가까이 있는 것을 사랑하면서도 멀리 내다볼 줄 아는 사람, 고난이 닥쳐도 기꺼이 즐거운 마음으로 자신 있게 극복해나가는 사람들에게 말이다."

철학자 콜만 콕스는 말했다. "나는 행운을 절대적으로 믿는 사람이다. 열심히 일할수록 더 많은 행운이 나를 찾아오는 것 같다."

미국의 시인 월트 휘트먼은 이런 싯구를 남겼다. "이 세상에 이런 남자가 있었다네 / 길을 잃더라도 절대 버려지지 않는 남자 말이네 / 이 남자는 번잡한 도시의 시장통을 지나가든 한가로이 풀을 말리는 농촌을 지나가든 언제나 환영을 받았다네 / 사막 한가운데에서든 울창한 숲을 가로지를 때든 즐거운 낮으로 인사를 받았다네 / 어디를 가나 이 남자는 환영을 받았다네—그는 다름아닌 진실을 전해주는 전령이었다네."

프랑스의 유명한 화학자 루이 파스퇴르는 이렇게 말했다. "행운은 준비하고 있는 사람을 더 좋아한다."

작가 막스 오델은 행운을 이렇게 정의했다. "행운이란 스스로 선택해 견뎌낸 고난과 고통이며, 기꺼이 고된 땀방울을 흘리며 보냈던 긴 나날들이다. 행운이란 절대 그냥 지나쳐서는 안 될 약속이며, 결코 놓쳐서는 안 될 기차와 같다."

정신과 의사인 에드워드 C. 시몬즈는 이런 정의를 내렸다. "실패와 성공의 차이는 어떤 일을 거의 정확히 했느냐, 아니면 완전무결하게 했느냐에 따라 갈라진다."

영국의 시인이자 수필가였던 조셉 에디슨은 이렇게 말했다. "일찍 일어나고, 열심히 일하며, 신중하고, 절약할 줄 알고, 매우 정직한 사람치고 자신의 불운을 탓하는 사람을 나는 보지 못했다. 훌륭한 인격과 좋은 습관, 무쇠 같은 부지런함은 어떤 불운이라도 이겨낼 수 있는 철통처럼 단단한 요새다."

미국의 메이저리그 프로야구가 탄생하는 데 산파 역할을 했던 브랜치 리키는 "행운이란 우리가 세운 계획의 부산물일 뿐"이라고 했다. 영원히 기억될 만한 말이다.

성공하기 위해서는 이것을 명심해야 한다. 기회는 그것을 찾아 나설 때만 그 모습을 드러낸다. 그저 가만히 앉아서 행운이 저절로 오기를 기다려서는 안 된다.

존 템플턴이 들려주는 자신의 경험은 좋은 예가 될 것이다.

"상거래를 잘 연구하다 보면 어떤 물건의 진정한 가치를 조사하고, 현재와 미래의 가치를 조심스럽게 평가해보는 작업이 후에 얼마나 큰 성과를 가져다 주는지 알 수 있습니다. 보석이라고 할 수는 없지만 그에 필적하는 준보석들에 대해 나는 우연히 많은 것을 알게 됐습니다. 어느 날 리오데자네이로를 여행하다 한 보석 가게에 들러 가공하지 않은 자수정紫水晶 원석의 가격을 물어보았습니다.

이 보석상은 광산에서 직접 자수정을 구입하고 있었는데 가공하지 않은 원석을 보관하는 창고를 갖고 있었습니다. 나는 창고를 한번 볼 수 있게 해달라고 부탁했습니다. 그곳에는 무게가 10~20파운드는 족히 되는 큰 자수정들이 무더기로 있었습니다. 나는 이 아름다운 원석을 보면서 가격을 물어봤습니다. 대답은 파운드당 2달러라는 것이었다. 나는 이 자수정 원석을 2톤이나 매입했습니다.

당연히 미리 선견지명을 갖고 준비하지 않았다면 이렇게 할 수 없었을 겁니다. 나는 우선 이 정도 가격으로 자수정을 매입해도 손해를 보지 않으리라는 것을 충분히 알고 있었습니다. 두 번째로 내가 이런 물건을 발견했을 때 즉시 구입할 수 있는 돈을 수중에 가지고 있었던 것은 그만큼 절약했기 때문입니다.

우리 회사는 이 자수정 원석을 장기 투자로 생각하고 아직도 갖고 있습니다. 브라질에서 매입한 뒤 플로리다의 우리 창고로 옮겨 그대로 보유하고 있습니다. 언젠가는 이 자수정을 팔겠지요. 물론 우리가 지불한 가격의 몇 배, 아니 수십 배를 받을 겁니다. 자수정 원석이 그리 짧은 기간 안에 새로 만들어지지는 않을 것이기 때문입니다."

템플턴이 언젠가 이 자수정 원석을 팔아 큰돈을 벌게 되면 많은 사람들은 그가 "행운"을 타고났다고 말할 것이다. 하지만 이것이야말로 존 템플턴과 같은 사람들이 어떻게 기회를 만들어가는가를 보여주는 좋은 사례다. 이들은 항상 준비하고, 언제나 시장의 상황 변화에 재빨리 대응하고, 시장을 움직이는 사람들을 주시한다.

행운을 가져다 주는 원동력은 근면과 적절한 계획이며, 상식과 상상력에 따라 행동하면 된다. 존 템플턴이 주식 투자를 처음 시작했을 때 어떻게 했는가는 자신의 행운을 스스로 어떤 식으로 만들어가는지를 보여주는 완벽한 사례다. 1939년 히틀러가 폴란드를 침공했을 때 미국은 역사상 최악의 경제 공황에서 아직 완전히 벗어나지 못하고 있었다. 뉴욕증권거래소와 아메리칸증권거래소에 상장된 주식 가운데 100종목 이상이 1달러에도 못 미치는 가격에 거래되고 있었다.

당시 존 템플턴은 나이 스물여섯에 불과했지만 경제의 속사정을 꿰뚫어보고 있었다. 전시에는 여러 물품들의 수요가 엄청나게 늘어나 이류삼류 기업들도 이익을 낼 수 있다. 미국은 아직 참전하지 않은 상황이었지만 곧 연합국 측에 전시 물자를 공급할 것이며, 머지않아 본격적으로 전쟁에 개입할 것임을 템플턴은 깊이 있는 연구를 통해 간파하고 있었다.

이 같은 경제적 분석을 실천에 옮기기로 결정한 시점은 1939년 9월이었다. 그는 주당 1달러 미만으로 거래되는 모든 주식들을 각 종목당 100달러어치씩 매수하기로 했다. 모험과도 같은 주식 매수를 위해 템플턴은 자신이 다니던 회사 사장한테서 1만 달러를 빌렸다.

이 대목에서 주목해야 할 것은 돈을 빌리는 데 대한 템플턴의 철학이다. 그는 개인적인 용도, 예를 들면 휴가비 마련을 위해 돈을 빌리는 것은 절대 용납하지 않았다. 하지만 이번 경우는 달랐다. 차입한 돈은 일종의 새로운 사업에 투자돼 더 많은 돈을 벌기 위한 것이었다.

다시 말하지만 만약 새 차나 새 냉장고를 사기 위한 소비적인 목적으로 돈을 빌렸을 경우 그가 구입한 물건의 가치가 떨어지는 것은 불가피하다. 차입금은 언젠가 갚아야 하는데 빌린 돈으로 구입한 물품으로는 차입금을 갚을 수 없는 셈이다.

그러나 사업 목적으로 빌린 돈은 다르다. 그가 투자한 데서 벌어들일 수 있는 이익은 그가 회사 사장에게서 빌린 원금과 이자보다 훨씬 많아질 수 있다. 아무튼 그가 사업 목적을 위해서라 하더라도 돈을 빌린 것은 이때가 처음이자 마지막이었다.

당시 템플턴이 투자를 하면서 위험을 최소화할 수 있었던 데는 두 가지 요소가 있었다. 우선 1달러 미만으로 거래되는 주식들의 지난 2년간 기업 실적을 철저하게 조사했다. 그리고 적어도 이 정도의 실적만 유지된다 해도 그가 손해 보는 일은 없으리라는 사실을 발견했다. 두 번째는 그가 별도로 운용하고 있던 포트폴리오의 개인 자산이 이미 3만 달러를 상회하고 있었다는 점이다. 결국 그의 1달러 미만 주식 사들이기가 실패한다 하더라도 빌린 돈 1만 달러는 충분히 갚을 수 있는 셈이었다.

이 같은 철저한 조사와 분석 끝에 그는 과거 직장 선배로 함께 일했던 페너 앤 빈의 딕 플렛에게 매수 주문을 냈다. 플렛은 이런 주문은 본 적이 없다고 말했다. 특히 그가 매수 주문을 한 기업 가운데 37곳은 이미 부도를 낸 상태라며 템플턴에게 다시 생각해볼 것을 권했다.

하지만 템플턴은 이렇게 대답했다. "그런 건 문제가 되지 않습니다. 부도가 났든 말았든 내가 주문한 주식은 모두 사주세요."

많은 사람들은 그의 이 같은 행동이 높은 위험을 무릅쓴 무모한 행동이었다고 말할 것이다. 더구나 빌린 돈으로 이 같은 모험을 벌이고 있었으니 말이다. 하지만 그는 평상시와 같이 아주 열심히 공부했다. 자신의 투자 전략이 실패할 가능성도 있다는 사실을 알고 있었다. 하지만 누구보다 많은 정보를 모았고 열심히 분석했다. 다시 말하지만 그가 감수한 위험은 합리적인 것이었고, 이길 확률이 조금이라도 높았다.

그렇다면 결과는 어땠을까? 그가 매수한 104개 종목 가운데 단 4개 종목만 파산했다. 템플턴은 1년 만에 빌린 돈을 모두 갚았다. 4년 후 주식을 모두 매도했을 때 최초의 투자 원금 1만 달러는 4만 달러가 돼 있었다. 물론 많은 사람들은 그에게 행운이 따랐다고 말했다!

템플턴은 그러나 이때의 경험을 회고하면서 이렇게 말한다.

"당시 가장 기억에 남는 주식이 하나 있습니다. 미주리 패시픽 레일로드의 우선주였습니다. 이 종목은 1920년대 주식시장이 한창 활황일 때 상장됐는데, 최초 거래가격이 주당 100달러가 넘었고 매년 배당금으로 7달러의 현금을 지급했습니다. 그러나 공황이 닥치자 이 회사는 부도를 냈고, 배당금 지급도 중단됐습니다. 주가는 급전직하로 떨어져 내가 매수 주문을 냈던 시점에는 12센트까지 추락했습니다. 나는 100달러로 이 회사 주식을 800주나 매수했습니다.

그런데 미국이 2차 세계대전에 참전하자 철도 수요가 크게 늘어났습니다. 미주리 패시픽도 다시 이익을 내기 시작했습니다. 12센트짜리 주식이 어느새 5달러까지 치솟았고, 나는 역시 내 예측이 적중했다고 생각하며 이 주식을 팔았습니다. 하지만 나는 겨우 절반만 맞춘 데 불과했습니다. 주가는 계속 올라 105달러까지 상승했습니다. 나는 너무 일찍 매도한 셈이었지만 어쨌든 투자 원금의 40배를 벌었습니다.

여기서 얻을 수 있는 교훈은 스스로 충분한 준비를 갖출 때까지는 어떤 모험 사업에도 뛰어들어서는 안 된다는 것입니다. 내가 했던 방식과 똑같이 한 사람이 있는지 나는 알지 못합니다. 어떤 주식이 왜 그렇게 싼값에 거래되는지 누구나 자세히 조사하는 건 아닙니다. 더구나 이런 지식이 있다 해도 전시에 경제가 어떻게 변화할 것인지 치밀한 분석을 할 수 있는 사람은 거의 없습니다. 결국 큰 전쟁이 터졌을 때 가장 높은 투자 수익률을 기록하며 회생하는 기업은 그 동안 가장 뒤에 처져 있던 회사들이라는 사실을 아무도 몰랐던 것입니다."

책 읽기와 탐구하기를 좋아하는 성격을 타고난 템플턴은 자신이 축적한 지식을 활용해 대단한 성공을 거두었다. 남들은 이것을 그저 "행운"이라고 부를 뿐이다. 1985년 아르헨티나 주식시장을 전문으로 하는 한 투자자가 템플턴을 찾아와 자신의 의견을 밝혔다. 아르헨티나의 정치적 불안정과 과도한 인플레이션으로 인해 이 나라의 주식 가치가 형편없이 저평가돼 있다고 말이다. 미국 달러화로 아르헨티나 주식을 평가할 경우 불과 8억 달러로 부에노스아이레스 주식시장에 상장된 모든 주식을 사들일 수 있을 정도였다.

템플턴은 즉시 나름대로 계산을 해보았다. 당시 미국 주식시장에 상장된 전 종목의 시가총액은 2조 달러로 아르헨티나의 2500배에 달했다. 아르헨티나 주식이 저평가돼 있는 것은 명백했다. 템플턴은 이 투자자의 의견을 들은 지 한 시간도 채 되지 않아 아르헨티나 현지 은행 계좌를 만들었고, 아주 싼값에 아르헨티나 기업 주식 80만 달러어치를 매수했다. 불과 4개월 만에 이 주식은 70%나 올랐다. 그는 또다시 큰 성공을 거두었다. 이 역시 행운의 덕분인가?

마태복음 제7장 7-8절을 보면 예수님의 이런 말씀이 나온다. "물으라, 그러면 답을 얻을 것이다. 구하라, 그러면 찾을 것이다. 두드리라, 그러면 열릴 것이다. 묻는 자는 답을 얻을 것이요, 구하는 자는 찾을 것이요, 두드리는 자에게는 열릴 것이다."

묻는다는 것은 노력한다는 것이다. 지금 상황이 좋든 나쁘든 최선을 다하는 것이다. 구한다는 것은 자신의 능력을 최대한 발휘하는 것이다. 당신이 진정으로 구하고 묻고 노력한다면, 또 무엇보다 스스로 한정하지 않고 자신의 모든 것을 정직하게 다 바치겠다고 한다면 행운은 저절로 찾아올 것이다. 성공을 얻을 수 있을 것이다.

마지막으로 덧붙이겠다. 행운이란 당신이 스스로 만들 수 있는 선택권이다. 항상 준비하고, 자신이 할 일을 분명히 하고, 가치 있는 목표를 지향하라. 그러면 당신은 이 세상 최고의 행운아가 될 것이다.

8단계를 다 끝냈다면 스스로 이런 질문을 던져보라.

1. 행운을 믿는가, 만약 그렇다면 행운이 무엇이라고 정의하겠는가?

2. 당신은 행운이 따르는 사람인가? 다른 사람들보다 더 많은 행운이 찾아온다고 생각하는가? 아니면 불운한 편이라고 생각하는가?

3. 열심히 일하고, 공부를 많이 하고, 창조적으로 행동하는 사람이 게으르고 생각하기 싫어하는 사람보다 더 많은 행운을 얻는다는 말에 동의하는가?

8단계를 공부했으니 이제 다음 사실을 명심해야 한다. 행운은 이런 사람들에게 찾아온다.

- 열심히 일하고 신중하게 계획을 세우는 사람
- 항상 기회를 준비하는 사람
- 상식과 창조적 상상력을 활용할 줄 아는 사람
- 충분히 감수할 수 있는 위험은 기꺼이 받아들이는 사람

성공의 두 가지 원칙을 지켜라

Templeton Plan

정직하게 살고, 불굴의 의지를 실천한다면 이런 사람에게는 복권 당첨자보다 더 많은 돈이 쌓일 것이라는 게 존 템플턴의 믿음이다. 사람의 운명이란 결코 운에 따라 결정되는 것이 아니라 단단한 기초 위에 만들어진다.

템플턴이 이뤄낸 성공의 결정적인 열쇠는 일단 시작한 일은 반드시 끝을 낸다는 점이다. 그는 불굴의 의지를 갖고 있다. 하지만 불행하게도 이 세상은 그렇지 않은 사람들로 넘쳐난다. 어떤 일을 시작했다가 어려워 보이면 미뤄 버리거나 아예 포기하고 만다. 그로 인해 그 동안 애써 노력한 결실조차 얻지 못한다.

어떤 사람들은 90%까지 일을 끝냈는데도 그만 다른 곳으로 눈길을 돌리고 만다. 어떤 일을 하든 처음부터 무작정 시작하겠다고 쉽게 결정하지 말라. 일단 시작했으면 반드시 끝내라! 훌륭한 성과와 대단하다는 평판은 일을 완전히 끝마침으로써 얻을 수 있다.

불굴의 의지에 대해 설명할 때 템플턴이 자주 인용하는 구절이 있다. "어려운 일은 즉시 처리할 수 있다. 불가능한 일은 이보다 좀더 시간이 걸릴 뿐이다." 물론 다소 과장된 말이라는 것을 그도 인정한다. 하지만 이 경구에는 새겨두어야 할 진실이 담겨있다. 일단 일을 시작했으면 딴 데 한눈 팔지 말고, 힘들다고 불평하지도 말고, 오로지 결과에 책임을 지겠다는 각오로 완벽하게 끝마쳐야 한다.

템플턴은 스위스 철학자 헨리 프레데릭 아미엘이 남긴 말을 좋아한다. "그저 흘러가는 대로 따라가는 사람은 참으로 고귀한 원칙을 지향하지 못한다. 이런 사람은 이상도 없고, 신념도 없다. 이 세상의 미미한 조각일 뿐이다. 살아 움직이는 것이 아니라 단지 움직여지는 그런 존재에 불과하다. 목소리를 내는 게 아니라 그저 반향에 그친다."

자신의 운명을 스스로 개척하겠다는 템플턴의 의지는 고향에서 학교를 다니던 시절 처음 시작했던 유급 아르바이트를 하면서부터 심각한 시련에 부딪쳤다. 집집마다 돌며 잡지 정기구독을 권유하는 일은 수줍음 잘 타는 소년에게 매우 고단한 것이었다. 그는 완전히 녹초가 되어 그만두고 싶은 마음이 굴뚝 같았다. 하지만 그가 열일곱 살이 되던 그 해 여름은 돈이 무척 필요한 시기였다. 다음 학기에는 예일대학교에 입학해야 했기 때문이다.

대공황의 공포가 커져가던 1930년 사람들은 무엇 하나 마음 놓고 살 만한 여유가 없었다. 잡지처럼 "꼭 없어도 되는" 것에는 더 더욱 그랬다. 잡지의 정기구독 판매는 그래서 단순한 세일즈보다 몇 배 더 어려웠다. 설득하는 기술 외에도 인내와 불굴의 의지가 요구됐다. 영업 감독은 템플턴과 같은 세일즈맨들에게 집집마다 뛰어다니라고 독려했다. 오로지 목표를 향한 열정으로 숨가쁘게 돌아다니다 보면 세일즈맨의 사기도 더욱 높아진다는 말이었다.

템플턴에게 이 일은 자신의 의지에 대한 시험이었다. 사실 그의 성격을 감안하면 이 일은 그에게 맞지 않았다. 그는 세일즈맨이라는 일에 부담을 느꼈고, 고객에게 항상 저자세를 보여야 하는 것에 대해서도 상당한 스트레스를 받았다. 하지만 이 일은 그 해 여름 그가 할 수 있는 유일한 일자리였다. 그는 이 일을 해야 할 뿐만 아니라 전력을 다해서 부딪쳐야 했다.

세일즈맨은 잡지 정기구독 판매대금 2달러 당 1달러의 수수료를 받았다. 또 세일즈맨이 중도에 그만두지 않고 여름 내내 일하고, 동시에 200건 이상의 정기구독 판매 실적을 올렸을 경우 수수료 외에 200달러의 보너스를 추가로 받을 수 있었다.

템플턴은 그 해 여름 내내 끝까지 일했다. 보너스도 받았다. 더욱 중요한 것은 불굴의 의지가 얼마나 가치 있는 것인가를 배웠다는 점이다. 일단 잡지를 팔겠다고 결정했다면 잡지가 팔리는 것만큼 스스로 팔아야 한다는 의지를 가져야 한다는 점을 알았다. 이는 자신의 전부를 일에 던진다는 것을 의미했다. 목표를 달성하기 위해서라면 무엇이든 기꺼이 희생할 각오가 돼 있어야 했다. 바로 이것이 불굴의 의지를 배워가는 과정이었다.

불굴의 의지야말로 매일매일의 일상생활에 엄격한 규율을 가져다 주는 요소다. 이것이 없다면 생활은 느슨해지고 만다. 의지가 있기에 삶의 목표가 분명해지고, 미래를 계획할 수 있다. 의지가 강한 사람은 궁극적으로 인생을 성공으로 이끈다. 주어진 일을 끝까지 완수하고, 생활의 일부로 만들겠다는 자세가 모든 사실을 보다 정확하고 빨리 깨닫게 해주기 때문이다.

당신이 조직적인 사고 능력을 가졌다면 고객들에게 어떤 물건을 사는 게 유리한지 보다 명확하게 설명할 수 있다. 엄격한 규율에 따라 생활한다면 사실들을 보다 날카롭게 인식할 수 있고, 고객들에게 설득력 있는 논리를 제시할 수 있다. 그럼으로써 당신이 판매하는 제품이 다른 제품보다 우수하다는 점을 고객들에게 심어줄 수 있는 것이다.

직장 상사에게 보고할 때도 이와 똑같은 원칙이 적용된다. 덩샤오핑이 중국 최고지도자로 있던 시절, 자동차 공장에서 일하던 한 젊은 근로자가 우연히 공장을 순시 중이던 덩샤오핑으로부터 질문을 받았다. 덩샤오핑은 이 젊은이의 대답을 가만히 들었고, 그의 명쾌하면서도 사실에 근거한 설명에 깊은 인상을 받았다. 그는 즉시 이 젊은이를 자신의 보좌관으로 임명했다.

여기서 얻을 수 있는 교훈은 무엇인가? 불굴의 의지가 있다면 더 빨리 나아갈 수 있다. 의지력이 강할수록 자신이 속해있는 조직에서 핵심 인물이 될 수 있다. 불굴의 의지야말로 당신을 중요한 인물로 만들어주는 덕목이다.

의지력이 강한 사람은 말을 아껴서 한다. 이런 사람들은 주어진 일을 끝까지 책임지고, 최소한의 흐트러짐도 없이 완수하려고 하기 때문이다. 우리가 가끔 대화하면서 쓰는 수백 마디의 말은 잘 선택된 열 마디의 말로 압축할 수 있다. 실제로 이렇게 해보면 말이 간결해진다. 어느새 자신의 사고를 더욱 논리적으로 전개하고 있으며, 상대방에게 보다 정확한 정보를 전달하고 있음을 스스로 발견할 것이다. 당신의 표현이 아주 재치 있고 핵심을 제대로 짚고 있다는 점이 상대방의 표정에 드러난다면 당신 자신도 놀랍고 즐거울 것이다.

말을 할 때 자신이 전보를 치고 있다고 생각해보라. 이는 말을 아껴서 쓰는 최고의 훈련 방법이다. 전보는 글자의 개수에 따라 요금이 부과된다. 이렇게 함으로써 당신은 쓸데없는 미사여구나 불필요한 단어, 요점과 관계없는 표현 등을 모두 없애버릴 수 있다. 그 때까지는 전혀 알지 못했지만 자신이 간략하게 요점을 전달할 수 있음을 새삼 깨닫게 될 것이다.

불굴의 의지가 있는 사람은 자신이 말을 하고 글을 쓸 때 마음속으로 대강의 윤곽을 그리는 게 얼마나 중요한지 알고 있다. 이게 내 첫 번째 생각이고, 두 번째와 세 번째 생각은 이렇고, 내가 제시하고자 하는 기본적인 생각은 이런 것이다. 이런 기술을 활용하면 자신의 사고를 매우 논리 정연하게 제시할 수 있다. 대부분의 사람이 통상적인 얘기를 주고받는 것을 자세히 살펴보면 중복과 부연설명이 넘쳐난다. 당신도 이런 식으로 대화한다면 상대방은 당신이 무슨 말을 하고 있는지 몰라 당황해 할지도 모른다.

마음속으로 대강의 개요를 그려보는 방법은 비즈니스 관계로 전화할 때 특히 유용하다. 존 템플턴이 매주 84시간을 일하던 시절 그는 수백 명의 증권중개인으로부터 전화를 받았다. 이 가운데 템플턴이 다시 전화를 걸어 주문을 맡겼던 중개인은 아주 간략하게 요점만 전달하고 곧장 전화를 끊었던 사람이다. 바로 이런 중개인과 일을 해야 귀중한 시간을 허비하지 않으리라는 사실을 템플턴 자신이 누구보다 잘 알고 있었기 때문이다.

불굴의 의지를 갖는다는 것은 어떤 장애도 극복해내고, 제아무리 심한 경쟁이라 해도 이겨내는 것이다. 비즈니스의 세계에서 반드시 필요한 이 두 가지 요소를 갖추기 위해서는 당신이 쓸 수 있는 모든 수단을 활용해야 한다. 템플턴이 기억하고 있는 증권중개인 가운데 노먼 와이든이라는 인물이 있다. 그에게 전화 응대는 매우 훌륭한 성공의 발판이었다. 존 템플턴은 회상한다. "그는 내 사업에 대해 누구보다 잘 알고 있었습니다. 내가 그에게 전화를 걸어 무엇을 물어보면 그는 5초안에 대답을 했고, 그의 말은 늘 인상적이었습니다. 그가 보여준 이런 효율적인 자세가 그를 아주 가치 있는 인물로 만든 셈이었습니다." 와이든은 나중에 미국 최대 증권회사의 수석 파트너 자리까지 올랐다.

정직함과 불굴의 의지는 최고의 능력을 발휘하는 전문가들에게서 공통적으로 발견할 수 있는 특성이다. 사업상 필요한 일이 있다면 반드시 이런 사람에게 일을 맡겨야 한다. 비용은 생각해서는 안 된다. 이런 사람에게 일을 맡기면 분명히 더 나은 서비스를 받게 된다. 이들의 일 처리 방식을 따르면 당신 자신도 최고 능력을 발휘하는 전문가의 대열에 합류할 수 있다.

어떤 사람들은 변호사가 필요할 때 수임료가 가장 싼 변호사를 찾는다. 하지만 이건 큰 실수다. 수임료가 낮은 변호사를 쓰면 장기적으로 오히려 더 많은 비용을 지불할 가능성이 높다. 변호사건, 의사건, 회계사건 가장 지식이 많고, 가장 정직하며, 가장 열심히 일하는 사람을 찾아야 한다. 그러면 바로 이런 사람이 당신을 위해 최상의 서비스를 제공한다는 사실을 발견할 것이다.

존 템플턴은 그의 사업 성공 비결이 다름아닌 고객을 진실로 대했기 때문이라고 말한다. 그가 자주 인용하는 미국 중서부의 곡물왕 제임스 F. 벨의 말을 들어보자.

"굳이 도덕적인 관점이 아니라 하더라도 비즈니스 세계에서 정직은 최선의 선택이다. 어떤 사업을 하든 한번 약속한 말은 반드시 지켜야 한다. 다른 사람들이 도덕적이고 정직하기를 바란다면 자기 자신부터 이 같은 도덕성과 정직함에 투철해야 한다. 불신과 거짓으로 얼룩진 부분을 밝혀내야 한다. 선을 행하면 선으로 보답을 받듯이 가장 진실된 답은 바로 우리 자신의 안에 있다. 정직은 정직을 낳고, 신뢰는 신뢰를 가져온다. 이 세상 모든 일이 다 그렇다."

존 템플턴은 말한다. "우리가 운용하는 뮤추얼펀드에 투자한 50만 명의 고객들에게 나는 무거운 책임감을 갖고 있습니다. 고객들이 맡긴 돈은 반드시 현명한 방법으로 운용돼야 합니다. 이는 나의 의무이며, 신뢰의 문제입니다. 비용이 얼마가 든다 해도 최고의 변호사와 최고의 회계사, 최고의 관리인에게 우리 사업을 맡겨야 합니다. 이로 인해 비용이 두 배가 된다 해도 그게 더 합리적입니다. 최고의 전문가야말로 일을 정확하게 처리한다는 점에서 그

것이 더 싼 편이기 때문입니다.

우리는 고객들에게 강한 책임감을 느끼고, 우리의 정직함과 신뢰를 보여주기 위해 열심히 일해왔습니다. 또 고객들의 자산을 그 무엇보다 귀중하게 여겨왔습니다. 우리의 펀드 운용 실적이 항상 최상위권에 들 수 있었던 것은 이 때문입니다. 32년 전 템플턴 그로스 펀드에 1달러를 투자한 뒤 투자 수익을 계속 재투자했다면 이 고객은 지금 82달러의 자산을 갖고 있을 것입니다.

내가 가장 즐겨 소개하는 투자 사례는 오랜 친구이자 전자업계의 귀재인 르로이 파슬리에 관한 것입니다. 이 친구는 오래 전 댈러스의 석유탐사 회사에서 함께 일하면서 만났습니다. 당시에도 나는 이 친구를 상당히 높이 평가하고 있었습니다. 내가 템플턴 그로스 펀드를 시작하려고 할 때 이 친구에게 전화를 걸어 내가 운용할 뮤추얼펀드에 투자할 의향이 있느냐고 물었습니다. 그는 좋다고 대답했고, 10만 달러를 투자했습니다. 그 후 이 친구는 투자 수익을 한 푼도 회수하지 않았습니다. 배당금이 나오면 모두 재투자했습니다. 지금 그의 투자자산은 820만 달러가 됐습니다.

우리 뮤추얼펀드의 주주총회에 참석한 투자자들을 만나는 것만큼 즐거운 일은 없습니다. 1986년 7월 토론토에서 열린 주주총회에는 전세계에서 무려 1400명의 투자자가 참석했습니다. 아무리 큰 기업의 주주총회에도 이처럼 많은 투자자들이 참석하지는 않을 것입니다. 그만큼 우리 뮤추얼펀드의 투자자들이 우리를 신뢰하고 있다는 뜻일 것입니다. 우리 역시 투자자들에게 꾸준한 성과를 줄 수 있도록 최선을 다하고 있습니다. 우리가 그들의 편에서서 정직하게 일한다는 점도 이처럼 많은 투자자들이 모이는 이유일 것입니다. 항상 경건한 기도와 함께 주주총회를 시작하고 끝맺는다는 점도 한 요인일 것입니다.

우리는 투자자들에게 최상의 서비스를 제공하고, 우리의 운용 방식을 끊임없이 개선하려는 노력을 결코 멈춘 적이 없습니다. 아시다시피 정말로 소중한 성공이란 다른 사람과 함께 할 수 있는 성공이기 때문입니다."

존 템플턴과 마찬가지로 성공의 두 가지 원칙인 정직함과 불굴의 의지를 갖고 있다면 자신의 진정한 발전을 위해 지혜롭게 투자할 수 있을 것이다. 또 그렇게 하면 다른 사람도 자연히 당신에게 투자하고 싶어질 것이다.

제9단계를 요약해보자.

1. 성공하는 사람들은 일단 시작한 일은 반드시 끝낸다. 어떤 일을 착수하기 전에는 반드시 신중하게 생각해보라. 그리고 일단 시작했다면 전력을 다해, 결의를 갖고서, 철저하게 완수해야 한다.
2. 사업상 만나는 모든 사람들과의 관계, 특히 자신에게 돈을 맡긴 사람들의 자산은 신성한 신탁을 대하듯이 다뤄야 한다.

제10단계로 넘어가기 전에 자신에게 이런 물음을 던져보라.

- 당신을 고용한 사람이 어떤 일을 맡겼다면 당신은 열과 성을 다해 그 일을 수행하는가?
- 먼 길을 돌아가는 것을 마다하지 않고, 약속한 일은 반드시 최선을 다해 상대방이 기대한 것 이상으로 더 해주는가?
- 어떤 일을 맡으면 그것을 새로운 도전으로 받아들이고, 인간으로서 성장할 수 있는 좋은 기회로 여기는가?

이 세 가지 물음에 전부 그렇다고 대답할 수 있다면, 또 당신에게 부족한 점이 있더라도 이를 개선할 준비가 돼 있다면 이제 제 10단계로 넘어가도 된다.

Step 10

시간의 주인이 되어라

Templeton Plan

미국 해군의 오랜 격언에 이런 말이 있다. "일어날 때도 성실하게, 잠들 때도 성실하게." 이와 똑같은 원칙이 성공의 모든 단계마다 그대로 적용된다. 자신이 주인이 되어 시간을 활용하느냐, 아니면 시간의 노예로 생활하느냐 역시 마찬가지다. 자신의 직장 상사가 무슨 일을 시키면 전력을 다해 신속하게 처리하면서도 막상 자신의 부하 직원들에게 필요한 업무는 마냥 느긋하게 대하는 사람이 있다. 그러나 어떤 일이든 누구를 대하든 신속하게 처리하는 것은 성공의 절대적인 요건이다.

무슨 일이든 기꺼이 빨리 처리하려는 자세는 남을 우선한다는 의미다. 그렇게 함으로써 다른 사람을 존중하며, 그들의 시간을 빼앗지 않겠다는 의지를 보여주는 것이다.

신속하게 일을 처리하는 것만큼 직장 상사에게 자신을 각인시키는 것은 없다. 존 템플턴은 여러 기업의 최고경영자로 일하면서 무엇보다 자기가 맡은 일은 제시간에 정확하게 끝맺는 것을 최우선으로 삼았다. 금요일 정오까지 리포트를 제출하라는 요구를 받았다면 정확히 그 시간 안에 리포트를 제출해야 한다. 그러면 자연히 승진할 것이다.

일을 받아놓고 그냥 옆으로 밀어두는 사람도 있다. 금요일 정오는 금방 왔다 지나가 버린다. 리포트를 요구한 상사는 하루나 이틀, 혹은 한 달을 기다려야 한다. 어쩌면 영원히 기다려야 할지도 모른다. 언제나 직장에서 앞서 나가는 사람은 늘 제시간에 정확히 자신의 일을 처리하는 사람이다.

템플턴상Templeton Prize을 수여하는 템플턴 재단에는 많은 인사가 참여하고 있다. 템플턴은 말한다. "재단 설립과 함께 우리는 자선 사업에 참여하는 사람이면 누구에게나 그들이 도움을 주고 나서 24시간 안에 감사 편지를 보내는 것을 원칙으로 실행해왔습니다. 감사해야 할 사람을 앞에 두고 한 달, 혹은 일주일씩 기다릴 필요는 없습니다. 즉시 고맙다는 마음을 전해야 합니다. 우리 재단은 항상 감사 편지를 준비해두고 있습니다. 자선 사업에 도움을 준 사람이 그 일을 마치면 곧장 그에게 감사 메시지가 전달됩니다.

신속한 행동이야말로 정중함이고, 남을 배려하는 마음입니다. 이와 동시에 좋은 사업이기도 합니다."

성공하는 사람은 일을 미뤄서는 안 된다는 사실을 일찍부터 잘 알고 있다. 많은 사람이 "내일도 있잖아"하는 식의 자세로 일한다. 지금 하면 왜 안 되나? 내일은 금방 닥친다. 어떤 이들은 꼭 내일이 아니더라도 해야 할 일을 무조건 나중으로 미룬다. 하지만 그 나중이 언제가 될지는 아무도 모른다. 심지어 이렇게 말하는 경우도 있다. "이렇게 뒤로 미루는 습관을 정말 고쳐야겠어. 조금만 있다가 꼭 이런 습관을 고치기 시작할 거야."

일을 뒤로 미루는 습관에 젖어 있는 사람은 절대 성공하지 못한다. 무슨 일이든 "내일도 있잖아"하는 식으로 미루는 사람에게 누가 일을 맡기고, 누가 이런 사람과 함께 일하려 하겠는가?

"오늘 할 수 있는 일을 내일로 미루지 말라"는 옛말은 절실하다. 오늘 할 수 있는 일이라면 오늘 하라. 자신이 할 수 있는 일은 모두 오늘의 일정에 담아두라.

존 템플턴이 학교를 다녔던 17년 동안 누가 그에게 숙제를 했는지 물어본 경우는 딱 한 번뿐이었다. 어린 시절 템플턴은 라틴어 과목을 어려워했는데, 그의 어머니는 라틴어를 7년간이나 공부했고, 그래서 그의 공부를 봐주곤 했다. 어머니가 그에게 숙제를 다 했는지 물어본 것이다. 템플턴은 잠시 생각하다 이렇게 말했다. "어머니, 지금까지 저는 A학점만 받아왔어요. 라틴어 과목에서도 그랬고요. 아직 단 한 과목에서도 A학점 아래로는 받아보지 않았잖아요. 그러니 제발 저에게 맡겨두세요. 어머니가 염려하는 바를 모르는 건 아니지만 걱정할 필요는 없어요." 어머니는 템플턴에게 다시는 묻지 않았다.

존 템플턴은 일을 빨리 처리하는 것이 얼마나 중요한지 아주 어린 나이에 깨달았다. 초등학교 1학년 때 성적표를 받아 들고 아버지에게 보여드리게 됐다. 모든 과목의 성적이 A였으므로 그는 당연히 우쭐해졌다. 아버지 역시 매우 기뻐했고, 그에게 일종의 내기를 하자고 제안했다. 매 학기 성적표를 받아왔을 때 모든 과목이 A학점이면 아버지가 그에게 면화 한 가마니를 주고, 만약 A학점 아래를 받은 과목이 하나라도 있으면 그가 아버지에게 면화 한 가마니를 준다는 것이었다.

물론 이런 내기는 아버지가 템플턴을 교육시키기 위한 것이었다. 템플턴이 A학점 밑의 성적을 받아오면 면화 한 가마니를 빚지는 셈이 되기 때문이다. 하지만 템플턴의 의지는 대단했고, 어린 나이였지만 성공하겠다는 열망으로 가득 차 있었다. 그는 1분 1초를 아껴 열심히 공부했다. 모든 과목의 숙제를 하나도 빠뜨리지 않고 제때 정확히 해냈다. 그는 초등학교부터 고등학교까지 전 과목에서 모두 A를 받았다. 마침내 내기를 시작한 지 11년이 지나자 그의 아버지는 템플턴에게 면화 22가마니를 주어야 했다.

존 템플턴은 말한다. "비즈니스 세계에서 일을 제때에 신속하게 하는 것은 필수적입니다. 나는 지금 대형 뮤추얼펀드를 6개나 직접 운용하고 있고, 이들 펀드에는 300개 종목이 넘는 주식과 채권이 편입돼 있습니다. 열두 나라가 넘는 곳에서 사들인 주식과 채권들입니다. 하지만 뉴욕증권거래소가 마감되면 곧장 우리가 갖고 있는 주식과 채권의 평가액이 집계돼 투자 수익률이 나옵니다. 우리 펀드에 투자한 주주들에게 돌아갈 몫이 결정되는 겁니다. 곧 이어 이 결과는 신문의 금융면에 인쇄돼 모두에게 알려집니다.

지금 해야 할 일을 지금 하는 것만큼 최선의 방법은 없다고 생각합니다. 물론 이렇게 하는 건 어려운 일입니다. 하지만 그것이 최선의 방법이고, 성공에 필요한 매우 현실적인 원칙입니다."

일을 제때 신속하게 처리하는 것이 얼마나 중요한지 알려주는 두 개의 인용구를 소개하겠다. 성공을 찾으려 애쓰는 독자들에게 도움을 줄 수 있는 말이라고 존 템플턴은 권한다.

첫 번째는 자선사업가로 널리 알려진 윌리엄 매튜스의 말이다. "약속한 시간을 지키는 것이야말로 사업가가 가장 빨리 신뢰를 얻을 수 있는 요소다. 반면 시간을 지키지 못하는 것만큼 사업가의 명성에 흠집을 내는 것은 없다."

두 번째는 작가인 리처드 탄예의 말이다. "내가 정말 바쁠 때면 간혹 이런 질문을 듣는다. '어떻게 그 많은 일을 다 합니까?' 내 대답은 언제나 간단하다. '저는 모든 일을 제때 즉시 하기 때문입니다.' 내일은 없다. 어제는 이미 지나갔다. 우리가 가진 시간은 오직 지금뿐이다."

제10단계에서는 시간의 활용이라는 다소 어려운 주제를 다뤘다. 다음 물음에 '예, 아니오'로 대답해보기 바란다.

1. 당신은 시간의 주인인가? 시간의 노예는 아니라고 자신하는가?
2. 당신의 하루 일과를 되돌아볼 때 시간에 맞추느라—그러다가 실수하기도 한다—허겁지겁 허둥댄 적은 없는가?
3. 당신은 직장 상사에게는 물론 동료와 부하 직원들에게도 똑같

이 제때 일을 처리해주고 있는가?

4. 시계를 조금 빠르게 맞추어 놓고서라도 약속시간에 절대 늦지 않도록 노력하는가?

5. 어떤 일이 주어지면 요구한 시간에 맞춰, 혹은 그에 앞서 일을 완벽하게 끝내는가?

이들 다섯 가지 질문에 모두 '예'라는 대답을 하지 못한다면 제 10단계를 다시 읽어보라. 시계를 조금 빨리 돌아가게 해야 한다는 점을 잊지 말라. 반드시 시간대별 차트를 만들어 약속시간과 할 일들을 적어두라. 내일의 약속도 오늘 써두라. 이렇게 하면 그리 오래지 않아 당신도 일을 제때 신속하게 처리하는 반드시 필요한 기술을 터득할 수 있을 것이다.

마지막 땀 한 방울을 더 흘리라

Templeton Plan

존 템플턴은 어린 시절부터 사람들을 유심히 관찰했다. 그들이 살아가는 모습을 지켜보며 그들을 연구했고, 그들이 어떻게 그런 일을 해냈는가에 대한 답을 구하려 했다. 무엇이 그들을 행복하게 만들고, 성공할 수 있게 했는지 찾아내고자 했다. 이 과정에서 그에게 강하게 와 닿았던 사실은 어느 정도 성공한 사람들이나 눈에 띄게 성공한 사람들이나 다 비슷하게 노력했다는 점이다. 이들이 기울인 노력의 차이는 아주 작았다. 굳이 말하자면 "약간 더 노력한" 정도였다. 하지만 그 결과 이들이 이뤄낸 업적과 성과는 질적인 면에서 정말 극적이라고 할 수 있을 정도로 컸다.

템플턴은 이 차이를 "마지막 땀 한 방울의 교훈"이라고 이름 붙였다. 이 교훈은 어느 한 분야에 국한되는 것이 아니라 모든 분야에 적용된다는 사실도 알게 됐다. 사실 이 교훈이야말로 인생에서 성공을 이끌어내는 가장 일반적인 원칙이라고도 할 수 있다.

템플턴은 학창 시절 축구 대회가 열리면 교내 축구 대표선수 가운데 조금 더 열심히 하려고 애쓰고, 조금 더 훈련한 선수가 스타가 된다는 사실을 발견했다. 이런 선수가 바로 시합에서 이기는데 결정적인 공을 세웠다. 그의 주변에는 팬들이 모여들었고, 그는 감독으로부터 칭찬을 받았다. 이 모든 결과는 그가 팀 동료들에 비해 단지 약간 더 노력했기 때문이다.

템플턴은 고등학교 급우들의 성적에서도 이 교훈이 그대로 적용된다는 사실을 간파했다. 주어진 과제를 그런대로 열심히 챙기는 학생은 좋은 점수를 받았다. 하지만 남들보다 조금 더 노력한 학생 — "마지막 땀 한 방울"까지 흘린 학생 — 이 최고 점수를 받았고, 모든 영예를 가져갔다.

이 원칙은 존 템플턴이 예일대에 진학해 몸소 체험했다. 그는 모든 수강 과목을 95%가 아니라 99% 이상 완벽하게 공부했다. 그 결과는? 그는 3학년 때 파이 베타 카파Phi Beta Kappa(성적이 뛰어난 미국 대학생과 졸업생들로 조직된 모임, 1776년 처음 만들어졌다—옮긴이)의 정회원이 됐고, 예일대 총학생회 대표로 선출될 수 있었다. 이런 이력은 그가 나중에 로즈 장학생으로 선발되는 데 큰 도움을 주었다.

이처럼 비즈니스 세계가 아니더라도 마지막 땀 한 방울의 교훈은 매우 가치 있게 빛난다. 존 템플턴은 단 한 방울의 땀을 더 흘림으로써 훨씬 더 우수한 결과를 만들어낼 수 있다는 사실을 깨달았다. 더 열심히 일하면 더 훌륭한 성과를 얻는다. 1그램이라도 더 많은 양의 땀을 흘린 사람은 그렇지 않은 사람보다 몇 배 더 많은 보상을 받을 수 있다.

존 템플턴이 강조하는 마지막 땀 한 방울의 교훈은 특히 프로 스포츠 세계에서 확연히 드러난다. 진정으로 자신의 전부를 바쳐 최선을 다하는 프로 야구선수는 그에 따른 명성과 보상을 받는다. 피트 로즈가 대표적인 예다. 재능으로만 보자면 그는 최고의 선수가 아닐 수 있다. 하지만 그는 20년 이상 미국 최고의 야구선수로 자리매김했다. 그가 이렇게 될 수 있었던 이유는 자신의 능력을 최대한 발휘하지 않은 경기가 단 한 번도 없었기 때문이다.

음악 연주자의 경우도 마찬가지다. 세계적으로 유명한 연주자는 과연 몇 명이나 되며, 정말 부유하게 살아가는 연주자는 또 몇이나 될까? 이들 극소수의 선택 받은 연주자와 그렇지 않은 연주자 간의 차이는 과연 무엇일까?

답은 아주 작은 땀방울에 있다. 이 작은 땀방울을 하나 더함으로써, 그 땀방울을 흘린 사람은 몇 천 배의 값진 보상을 받는 것이다.

이 원칙은 비즈니스 세계에서도 어김없이 적용된다. 존 템플턴이 아주 뛰어난 업적을 남긴 뮤추얼펀드 업계에서 평균보다 조금 높은 투자 수익률을 올리는 펀드는 여럿 있다. 평균보다 조금이라도 높다면 괜찮은 펀드다. 하지만 투자자들에게 큰 이목을 끌지는 못한다. 투자자들로부터 그 뮤추얼펀드에 투자하기를 정말 잘했다는 찬사를 들을 수는 없다. 하지만 조금만 더 노력해 뮤추얼펀드 가운데 최고의 수익률을 올릴 정도가 되면 이 펀드에는 곧 투자자들이 몰려들고, 자연히 업계 선두가 될 것이다.

기대 이상의 성과를 거두고 있다 해도 반드시 지켜야 할 원칙이 있다. 무엇보다 중요한 것은 일단 어떤 일을 하기로 약속했으면 그 것을 실천해야 하고, 또 그렇게 할 수 있다고 확신해야 한다. 약속한 것 이상의 성과를 올리면 더욱 좋다. 장기적인 계획이 필요한 기업 경영에서는 특히 그렇다. 가령 당신이 큰 건물을 짓거나 비행기를 만드는 주문을 고객으로부터 받았다고 하자. 이를 위해서는 적어도 2~3년의 기간과 막대한 예산이 필요하다. 얼마가 필요하다는 예산이야말로 중요한 약속 가운데 하나다. 당신이 더 적은 예산으로 더 빨리 고객에게 인도해 준다면 약속한 것 이상의 성과를 올린 셈이다. 물론 더욱 중요한 것은 최고의 품질이라야 한다. 이를 위해서는 마지막 땀 한 방울을 더 흘려야 한다. 그렇게 함으로써 당신의 회사는 업계 선두주자로 부상할 수 있는 것이다.

당신이 달성할 수 있는 성과에 대해서는 항상 보수적으로 평가하라. 이것이 성공으로 가는 아주 중요한 열쇠다. 야심만만한 사업가일수록 자신의 능력을 과대평가하는 경향이 있다. 이런 사람들은 위험한 상황인데도 불구하고 이렇게 말한다. "걱정하지 마십시오. 이 일은 약속한 대로 제시간에 끝낼 수 있을 겁니다."

혹시라도 의심스러운 구석이 있다면 너무 과도한 약속은 삼가해야 한다. 현재의 사실을 있는 그대로 알려주고, 이 상황에서 당신이 현실적으로 무엇을 할 수 있는지 보여주라. 그러고 나서 약속한 것 이상의 성과를 낼 수 있도록 최대한 노력하라.

누군가 당신에게 아무도 할 수 없는 일을 요구한다면 신중하게 합리적으로 대답하라. 허풍 가득한 호언장담은 당신에게 치명상을 입힐 수 있다. 뮤추얼펀드를 운용하고 있다면 절대로 한 해 15%의 투자 수익률을 올릴 수 있다고 장담하지 마라. 대신 훌륭한 수익률을 올릴 수 있도록 전력을 기울이겠다고 말하라. 그런다음 정말로 최선을 다했고 기대 이상의 성과를 거뒀다면 모두가기뻐할 것이다. 하지만 부풀린 약속을 하면 고객들 가운데 상당수가 실망할 것이며, 당신의 명성에도 큰 상처를 줄 수 있다.

이 문제를 다른 식으로 설명해보자. 항상 과장하기를 좋아하고, 호언장담하는 친구를 주변에서 자주 볼 수 있다. 이들의 호언장담은 불가능한 요구와 약속으로 이어진다. 일단 달려들어 보지만그 결과는 실망스러울 수밖에 없다. 이런 사람들의 신용은 곧 추락하고 만다. 자기 자신에 대한 과도한 부풀림은 촉망 받던 사업가조차 파멸의 구렁텅이로 몰고 간다.

더 좋은 성과를 내기 위한 비결은 최후의 땀 한 방울까지 쏟아부으며 최선을 다하는 것이다. 자신의 능력 범위 밖에 있는 일까지 하려고 덤벼서는 안 되지만 할 수 있는 일에는 자신의 전부를바쳐야 한다. 당신 스스로 만족할 때까지 한번 해보라. 당신이 이뤄낸 결과물에 자신이 먼저 진정으로 만족할 수 있다면 당신의 고객이나 상사도 똑같이 기뻐할 것이다.

땀 한 방울을 더 흘림으로써 품질은 더 높이고, 비용은 더 낮출 수 있다. 존 템플턴은 이것이 기독교 정신의 기본 원칙 가운데하나라고 말한다. 성경에서는 자신의 재능을 최대한 개발하라고가르친다. 그러므로 자신이 실제로 할 수 있는 것을 약속하고, 이를 지키는 것이야말로 성경의 가르침을 그대로 실천하는 것이다.

수천 개 기업들을 조사해 같은 제품을 가장 낮은 비용으로 생산하는 기업을 찾아내 투자하면 나중에 큰 투자 수익으로 연결된다. 이는 존 템플턴이 오랜 기간 투자자문 일을 하면서 발견한 사실이다. 투자에 성공하기 위해서는 가능한 한 많은 정보를 수집하고 연구하고 분석해야 한다. 예를 들어 한국의 포항제철은 철강 제조원가가 세계에서 가장 낮은 회사며, 쿠바의 설탕 기업들은 설탕 제조원가가 세계적으로 가장 낮다. 이런 사실은 깊이 있는 연구와 분석을 통해서만 찾아낼 수 있다.

사실과 정보를 제대로 수집하지 못하면 어느 회사가 앞으로 부상할 것이며, 불경기가 닥쳤을 때 어느 회사가 살아남을 수 있을 것인지, 또 어느 회사 제품이 가장 훌륭한지 정확히 판단할 수 없다. 당신 자신과 당신의 고객들에게 성공을 가져다 주는 것은 바로 이 같은 정보다. 그리고 이런 정보는 다름아닌 철저한 사전 준비와 함께 마지막 땀 한 방울을 더 흘리겠다는 각오를 통해서만 얻어질 수 있다.

함께 일하는 다른 사람들에게도 한 방울의 땀을 더 흘리게 하고, 그럼으로써 더 좋은 성과를 얻어낼 수 있다는 믿음을 갖도록 하기 위해서는 무엇보다 당신이 속한 팀의 사기가 높아야 한다. 당신의 부하 직원들은 일하는 게 즐겁고, 그래서 자발적으로 일하는 분위기가 돼야 한다. 영화나 소설 속에 나오는 비즈니스 세계의 통속적인 묘사와는 달리 성공하는 리더는 결코 외로운 혼자가 아니다. 다른 동료들을 칭찬해주고, 그들에게 믿음을 주라. 당신이 그들에게서 받은 도움이 얼마나 크며, 전체 팀의 임무를 완수하는 데 그들이 얼마나 중요한 역할을 했는지 그때그때 알려주라. 좋은 성과를 낸 데 대해 당신에게 찬사가 쏟아지면, 이를 당신의 동료들에게 모두 돌리라. 당신은 언제나 동료들과 운명을 함께한다는 사실을 각인시키도록 하라.

존 템플턴은 직원들에게 땀 한 방울을 더 흘리는 자세를 고취시키기 위해 지난 30여 년 동안 같은 직종의 근로자들보다 20% 이상 더 많은 급여를 지급해왔다. 템플턴도 지적하고 있듯이 단순히 너그러워서가 아니다. 오히려 다른 회사의 비슷한 근로자보다 20% 더 받음으로써 회사 전체가 더 우수해진다는 사실을 템플턴은 확신하고 있기 때문이다. 20%의 돈을 더 지출해서 회사 전체는 50% 이상 더 좋아지는 셈이다. 템플턴은 말한다. "지불한 만큼 그 보상을 받습니다. 옛말은 전혀 틀리지 않습니다."

물론 이런 판단에 오류가 있을 수도 있다. 어떤 직원은 급여를 더 주어도 최선을 다하지 않는다. 이런 경우 무조건 포용하겠다는 생각으로 당신의 실수를 덮어두거나, 거꾸로 무조건 미워하고 해고해서는 안 된다고 템플턴은 말한다. 일단 오류가 있었다는 사실을 인정하고 나면 해당 직원이 열심히 일할 수 있는 곳이 어디인가를 찾아보고, 그 곳으로 자리를 배치해야 한다. 당신의 회사에 그런 일자리가 없다면 다른 회사라도 알아봐야 한다. 그렇게 함으로써 지금은 비록 제 역할을 다하지 못하거나 회사에 큰 기여를 하지 못하는 직원들에게도 당신이 그들에게 성공할 수 있고, 중요한 인물로 성장할 수 있는 기회를 마련해 줄 것이라는 믿음을 심어줄 수 있다.

템플턴은 일본 기업들의 경영철학을 대단히 신뢰하고 있다. 일본 기업들은 근로자 한 명 한 명을 가족처럼 대한다. 그들이 어떤 재능을 갖고 있는지, 어느 부서에 가면 가장 일을 잘할 수 있을 것인지 세심하게 파악한다. 어떤 근로자가 한 부서에서 더 이상 제 역할을 하지 못하면, 일본 기업들은 이런 근로자를 다른 부서나 다른 관계회사로 옮겨준다. 심지어 관계회사에서조차 마땅한 일자리를 찾지 못하면 재훈련을 시켜 정년 때까지는 일할 수 있도록 한다.

템플턴은 일본 기업의 이런 관행이 효율적일 뿐만 아니라 윤리적으로도 매우 뛰어난 것이라고 말한다. 근로자들 스스로 마지막 땀 한 방울을 더 흘리도록 하는 방법을 알고 있기 때문이다. 존 템플턴은 말한다. "나는 진심으로 일본 기업의 이런 자세를 옹호합니다. 회사가 근로자를 잘 대해주면 근로자는 회사에 헌신합니다. 더욱 열심히 일합니다. 당연히 제품의 질이 우수해질 것입니다. 하지만 이런 관행이 정말 돋보이는 이유는 근로자들의 최선을 다하는 자세와 충성심 때문입니다.

이렇게 얘기할 수 있습니다. 결혼하면서 배우자가 젊을 때 그대로의 모습으로 영원히 있을 것이라고는 누구도 생각하지 않을 것입니다. 나이가 들면서 배우자에게 어떤 문제가 생길 수도 있습니다. 하지만 그렇다고 해서 배우자에 대한 당신의 책임이 사라지는 것은 아닙니다. 근로자에 대한 회사의 책임도 마찬가지입니다. 그들은 오랜 기간 회사를 위해 아주 가치 있는 일을 해왔는데, 여러 이유로 인해 회사 성장의 장애물로 전락했을 수 있습니다. 그러나 이런 근로자에 대한 회사의 책임은 여전히 남아 있습니다. 당신이 회사의 리더로서 이런 근로자를 버리지 않는다면, 이 근로자 역시 다시 우수한 성과를 통해 당신에게 보답할 수 있는 방법을 찾을 것입니다."

그들은 정말 극적인 순간 마지막 땀 한 방울을 더 흘림으로써 당신에게 보상할 것이다.

제11단계를 요약해보자. 성공과 행복을 향해 달려가기 위해서는 다음 교훈을 반드시 마음속에 새겨야 한다.

1. 정말 대단한 성공을 이루기 위해서는 그런대로 성공한 사람들보다 아주 조금이라도 더 노력해야 한다. 마지막 땀 한 방울을 더 쏟으면 그에 따른 보상은 그 땀 한 방울을 훨씬 뛰어넘는 엄청난 것이 된다는 사실을 깨닫도록 하라.
2. 어떤 분야에서든 마지막 땀 한 방울은 매우 뛰어난 결과물을 만들어낸다.
3. 당신이 먼저 마지막 땀 한 방울을 흘리면 당신 자신의 사기도 고양되고, 함께 일하는 동료들과의 팀워크도 하늘을 찌르게 될 것이다.

제11단계를 마쳤다면 다음에 제시하는 아주 간단한 질문을 자신에게 던져보라. 가능한 한 여러 각도에서 이 문제를 생각해보고 최대한 정직하게 대답하라. 나는 과연 내가 할 수 있는 최선을 다했는가? 나에게는 아직도 쏟아내지 못한 마지막 땀 한 방울이 남아 있는가?

절약하고 저축해서 최고의 수익률로 늘리라

Templeton Plan

존 템플턴과 그의 부인 두들리는 결혼하면서 한 가지 결심을 했다. 무슨 일이 있어도 수입의 절반은 반드시 저축하기로 한 것이다.

일종의 검약에 대한 결의였지만 이런 맹세를 하게 된 배경에는 템플턴이 어린 시절을 보냈던 고향 마을 테네시 주 윈체스터의 분위기가 큰 몫을 했다. 그의 고향에서는 부를 축적하는 원천이 바로 그 사람의 명예와 인격에 달려 있었다. 그리고 절약하는 자세가 없으면 인격적인 사람으로 인정받지 못했다. 아무리 가난해도 수입 가운데 적어도 몇 달러는 저축해야 몰상식하고 비천한 사람 취급을 받지 않았다.

반대로 절약하는 사람은 존경 받았다. 템플턴은 그래서 어린 시절부터 검소하게 생활하는 방법을 배우는 것이 매우 중요하다는 사실을 잘 알고 있었다. 특히 1929년 시작된 대공황의 여파로 검약은 생사의 문제라고 해도 과언이 아닐 만큼 중요해졌다. 1930년대는 생존과 발전을 위해서는 저축하고, 이를 현명하게 투자하는 것이 중요하다는 사실을 모든 사람들의 마음속에 깊이 심어주었다. 간단히 말하면 이렇다. 아껴서 저축하고, 이를 최고의 수익률로 늘리는 것은 성공하는 데 필수적이며 행복한 삶으로 이끌어준다. 저축한 사람들은 나중에 후한 보답을 받는다. 저축하지 않은 사람은 생활이 더 나빠진다.

대공황의 여파가 계속되고 있던 때라 템플턴 부부는 모든 수입의 절반을 반드시 저축하기로 한 그들의 맹세가 큰 부담이 됐다. 약속을 계속 지켜나가기란 결코 쉬운 일이 아니었다. 여기에는 엄청난 의지력과 인내, 그리고 미래에 대한 확고한 결의가 있어야 했다. 또한 꼭 성공하겠다는 굳은 다짐이 필요했다.

결혼 초기에는 이 같은 검약을 이어가기 위해 절약을 위한 각종 아이디어를 짜내기도 했다. 이들 부부의 보기 드문 절약 정신에 감동한 친구와 이웃들도 많은 도움을 주었다. 가령 어떤 친구는 단돈 50센트로 한끼 식사를 푸짐하게 할 수 있는 식당을 찾아내 이들 부부에게 알려주기도 했다. 물론 대공황의 시기라 가능한 일이었다.

템플턴은 특히 월세 100달러가 넘는 집에서는 살지 않았다. 그는 한 해 소득에서 세금과 저축, 투자한 돈을 뺀 "가처분소득"의 16% 범위 안에서 집세를 지출하겠다는 목표를 세웠다. 이런 월세로 집을 구하기란 매우 어려운 일이었지만 템플턴은 아주 값싸게 나온 월세 집을 잘 찾아냈다.

템플턴 부부는 집안 가구에서도 비싼 물건은 절대 쓰지 않았다. 이런 것 없이도 이들 부부는 아주 행복하게 지낼 수 있었다. 이들에게는 더 큰 목표와 꿈이 있었기 때문이다.

검약은 성공적인 미래를 향해 뻗어 있는 길을 환히 비춰주는 불빛과도 같은 것이다. 그들은 불과 25달러로 방 5개짜리 아파트의 가구를 모두 채웠다. 궁핍했던 1930년대라고 해도 이는 정말 놀라운 일이었다. 이렇게 할 수 있었던 것은 경매시장에 나왔지만 아무도 거들떠보지 않은 중고 물건을 구입한 덕분이었다. 어떤 경매에서는 침대를 1달러에, 소파를 5달러에 샀다.

벼룩시장이나 경매를 통해 구할 수 없는 물건은 템플턴이 직접 나무박스를 구해 만들었다. 물론 외관이 좋을 리는 없었다. 그러다 보니 한 친구가 이들 부부의 집을 둘러보고 이런 말을 남긴 것도 무리가 아니었다. "이 집은 '케케묵은 다락방' 스타일로 꾸몄군."

하지만 어려운 시절임에도 불구하고 이들 부부의 삶은 따뜻했고 안락했다. 무엇보다 두 사람이 먼 앞날의 목표를 공유하고 있었기 때문이다. 그들은 절약을 말할 때 고통이 아니라 도전으로 받아들였다. 자신들이 무엇을 하고 있는지 잘 알고 있었기 때문이다. 그들은 경제적인 불안에서 완전히 벗어나기 위해 저축하고 있다는 점을 분명히 알고 있었고, 이런 목적을 한시도 잊은 적이 없었다.

그러나 중요한 사실은 당시에도 존 템플턴은 전혀 가난하지 않앉다는 점이다. 그의 소득은 괜찮은 편이었고, 개인적인 투자 포트폴리오 역시 꾸준한 수익을 올리고 있었다. 어떤 이들에게는 돈이나 집, 편안한 삶에 대한 그의 이 같은 자세가 별나게 비쳐질 수도 있다. 물론 사회적으로는 용인되는 수준에서 말이다. 더구나 투자 전문가로서 템플턴이 자주 만났던 사람은 다들 돈 많고, 큰 집에서 살며, 좋은 승용차와 엄청난 소비를 즐기는 부류였다. 하지만 템플턴은 겉으로 드러나는 것만으로 평가하는 데는 전혀 개의치 않았다. 그는 자신의 마음속에서 우러나오는 내면적인 가치관과 종교적인 신념에 따라 행동했다.

검약에 대한 이 같은 근본적인 철학은 템플턴의 삶에 깊이 뿌리박혀 있다. 성공이란 저축하는 데서 나온다고 그는 믿고 있으며, 평생에 걸쳐 이런 믿음을 실천해왔다.

미국 역사상 최대 부호였던 존 D. 록펠러는 "복리 수익의 마술"에 대해 즐겨 말했다. 누구나 절약하면 이 마술을 실제로 경험할 수 있다. 한 해 15%의 수익률과 12%의 수익률은 처음에는 별로 큰 차이가 아닌 것 같지만 실제로는 엄청난 차이를 가져온다. 수익률 12%로 1달러를 계속해서 복리로 투자한다면 60년 후 900달러가 되지만, 15%의 수익률로 투자하면 무려 4400달러가 된다!

복리의 이득을 최대한 얻자면 우선 절약해야 한다. 신중한 자세로 자산을 운용한다는 생각으로 돈을 아껴 투자할 자금을 마련하고, 이를 키워나가야 한다. 그러면 복리의 마술은 당신의 것이 되고 성공도 함께 얻을 수 있다.

물론 장래 큰 이익을 가져다 줄 생산적인 자산을 갖기 위해 돈을 빌리는 것이 필요할 때도 있다. 하지만 무작정 많은 돈을 차입하는 것은 현명하지 못하다. 템플턴이 지금까지의 오랜 투자 경험을 통해 알아낸 사실 가운데 하나는 부채가 전혀 없는 기업은 경기가 아무리 어려워도 큰 어려움 없이 잘 견뎌낸다는 것이다. 반면 부채 비율이 높은 기업은-제품의 품질 같은 다른 모든 요소가 똑같다 하더라도-경기 침체 시 일시적인 자금난으로 인해 부채를 못 갚아 파산할 수도 있다.

템플턴은 고등학생 시절 남의 돈을 빌리는 것이 얼마나 무서운 것인가를 확실히 배웠다. 친구 가운데 한 명은 하루 1달러를 받는 아르바이트를 매주 6일 했고, 토요일에 6달러의 주급을 받았다. 그런데 이 친구는 가끔씩 템플턴에게 목요일에 와서 토요일에 주급 전부를 줄 테니 4달러를 빌려달라고 했다. 이 친구는 절약하지 않았기 때문에 이틀을 기다릴 수 없었고, 결국 4달러를 빌려 6달러나 갚은 것이다.

템플턴은 이 친구가 지불한 이자율을 계산해 보았다. 그럼으로써 사람들이 왜 부채로 인해 나락으로 떨어지는지 알게 됐다. 어떤 일이 있어도 남에게서 돈을 빌리지 않는 게 최선이다. 집을 살 때도 마찬가지다. 템플턴도 그렇게 했다. 그가 평생 남에게서 돈을 빌린 것은 딱 두 번뿐이다. 한 번은 대학 등록금을 내기 위해 삼촌으로부터 200달러를 빌린 것이고, 또 한 번은 투자를 시작하면서 그의 직장 상사에게서 1만 달러를 빌린 것이다. 두 차례의 차입은 사실 그의 원칙에 어긋나는 일이었지만 결코 개인적인 지출을 위해 빌린 것은 아니었다.

존 템플턴의 검약 정신이 얼마나 대단했는지를 보여주는 단적인 예는 두 대의 자동차에 관한 일화다. 템플턴이 이제 막 열세 살이 됐을 무렵 하루는 친구와 함께 집에서 1마일쯤 떨어진 건초 창고에서 놀고 있었다. 그곳에서 우연히 낡고 오래된, 고장 난 포드 자동차를 발견했다.

그의 뇌리에는 이 고물 자동차가 자신과 친구에게 무척 소중한 것이 될 수 있다는 생각이 스쳐 지나갔다. 그는 건초 창고의 주인이자 농부였던 차 소유자에게 "이 차를 저희에게 파시겠습니까?"라고 물었다. 차 주인은 템플턴에게 10달러만 내고 차를 가져가라고 했다.

템플턴은 집에 와서 저금통을 털었고, 어머니에게 자초지종을 설명했다. 항상 그의 뜻을 존중했던 어머니는 허락했다. 차는 템플턴의 것이 됐다. 여기까지는 쉬웠다. 어려운 일은 이제부터 시작이었다. 템플턴이 구입한 포드 자동차와 똑같은 또 한 대의 포드 자동차를 찾아내 갈아 끼울 부품을 구해야 했다.

템플턴은 첫 번째 자동차와 생산연도는 물론 만듦새도 똑같은 두 번째 자동차를 찾기 위해 온 동네를 돌아다녔다. 무슨 일이든 절대 포기하지 않는 그의 의지력과 타고난 감각 덕분에 마침내 아주 싼값에 나온 똑같은 포드 자동차를 찾아냈다. 두 번째 차는 어차피 부품 채취용이므로 더 낡은 고물이라면 오히려 좋았겠지만 이 차 역시 상태는 비슷했고, 그래서 10달러에 구입했다.

사람들은 그가 20달러나 들여 고장 난 차를 두 대나 구입했다며 아까운 돈을 날려버린 것처럼 비웃기도 했다. 하지만 이런 비웃음은 그의 계획을 몰랐기 때문이다. 그는 쓸모 없이 방치된 두 대의 고물 자동차를 제대로 굴러가는 한 대의 훌륭한 자동차로 만들 수 있다는 확신이 있었고, 이 계획을 실행에 옮기는 중이었다.

이제 그의 계획은 2단계로 접어들었다. 각종 장비와 연장, 부속품을 챙겨 든 템플턴과 그의 친구는 한 대의 자동차에서 떼어낸 부품을 다른 자동차에 옮겨 달았다.

둘은 자동차를 다시 조립할 수 있을 만큼 충분한 지식이 있다고 확신했고, 젊은 패기와 열정이 있었다. 고물 자동차를 조립하다가 문제가 생기면 포드 자동차 대리점으로 달려가 자동차 수리 교본을 보여달라고 했고, 충분히 이해할 수 있을 때까지 읽었다. 또 윈체스터에 있는 자동차 기술자들을 모두 찾아 다니며 자신들의 계획을 완수하는 데 필요한 조언을 구했다.

오후시간과 주말을 활용해 자동차를 조립한 지 반 년 만에 템플턴과 그의 친구는 마침내 제대로 달리는 자동차를 한 대 갖게 됐다. 둘은 이 차를 초록색과 오랜지색으로 칠한 다음 에스메랄다라고 이름 붙였다. 그들이 조립한 이 차는 세심한 유지관리 덕분에 그 후 4년 동안이나 잘 달렸다. 템플턴과 그의 친구는 고등학교를 졸업할 때까지 이 차를 타고 학교와 교외 야구경기장까지 아주 멋지게 달릴 수 있었다.

템플턴은 늘 절약의 중요성을 잊지 않았고, 두 대의 고물 자동차에 단돈 20달러를 투자해 친구와 함께 자신의 꿈을 실현했다. 사실 템플턴이 새로 구입한 자동차는 다섯 대째까지 모두 중고차였고, 한 대에 200달러 이상 지불하지 않았다. 이보다 비싼 자동차를 구입한 것은 그의 재산이 25만 달러를 넘어선 뒤였다.

템플턴이 독립해 투자자문 회사를 설립했을 때 가장 시급했던 것은 자료실reference library(직접적인 투자 업무는 하지 않고 자료 조사나 연구를 위한 목적으로 책을 읽을 수 있는 일종의 참고 도서관—옮긴이)을 구하는 일이었다. 그는 여기저기 수소문한 끝에 자신이 한때 일했던 페너 앤 빈이 메릴린치에 인수되면서 더 이상 별도의 자료실이 필요 없어졌다는 사실을 알게 됐다. 템플턴은 곧장 이 회사의 담당자를 찾아가 자료실에 있는 모든 연구자료와 12개의 책꽂이를 전부 20달러에 인수하겠다고 제안했다. 그의 제안은 받아들여졌다. 당시 새 책꽂이 하나를 사려해도 100달러는 주어야 했다. 하지만 템플턴은 막 합병하면서 필요 없어진 책들과 책꽂이를 싸게 처분하려는 회사를 찾아냈다. 결국 최선의 거래 상대방을 찾으려고 노력한 덕분에 템플턴은 그 후 20년 동안 아주 유용하게 사용한 자료실을 적은 비용으로 갖출 수 있었던 셈이다. 불과 20달러에 말이다!

존 템플턴은 찰스 디킨스의 소설에 나오는 미카우버 씨의 말을 즐겨 인용한다. "한 해 소득이 20파운드인 사람이 19.96파운드를 쓰면 남는 것은 행복이다. 똑같이 20파운드를 벌었지만 20.06파운드를 쓴 사람에게 남는 것은 비극이다." 템플턴이 관찰한 바로는 이 표현은 더욱 절실하다. 성공하는 사람과 갈 길을 못 찾고 방황하는 사람의 차이가 바로 이것이기 때문이다.

영국 총리를 지낸 디즈레일리의 일화 역시 템플턴이 아주 좋아하는 사례다. 디즈레일리가 당시 런던에서 택시 영업을 하던 마차를 타고 목적지에 도착했다. 그는 마부에게 단돈 1실링의 팁을 주었다. 그러자 마부가 말했다. "총리 각하, 제가 가끔 아드님을 태워드리는데, 그때마다 아드님께서는 늘 5실링의 팁을 주셨습니다."

디즈레일리의 대답은 이랬다. "그랬군, 충분히 이해하겠네. 알다시피 내 아들은 부자 아버지를 두지 않았는가!"

템플턴이 절약의 중요성과 함께 마술과도 같은 복리 수익을 말할 때 좋아하는 얘기는 네덜란드 상인에게서 24달러 상당의 구슬 따위를 받고 맨해튼 섬을 팔았던 인디언들에 대한 것이다. "역사책에는 어리석은 인디언들이 맨해튼 섬을 너무 싼 값에 팔았다고 나와있습니다. 하지만 복리 수익으로 계산해보면 새로운 사실을 발견할 수 있습니다. 맨해튼 섬을 팔았던 인디언들이 만약 8%의 복리 이자율로 이 돈을 계속 투자했다면 지금 11조 달러가 됐을 겁니다. 오늘날 미국 땅 전부를 사고도 남는 그야말로 천문학적인 금액이지요!"

성공을 위해 검약을 습관화할 수 있는 좋은 방법이 또 있다. 템플턴은 스스로의 힘으로 학비와 생활비를 벌기 시작한 열여덟 살 때부터 그 후 재산을 많이 모아 바하마제도의 낫소로 회사를 옮긴 다음까지 30여 년 동안 당좌수표를 한 번도 끊지 않았다. 신용카드도 쓰지 않았다. 집을 담보로 대출받은 적도 없었다. 자신의 한 해 연봉이 넘는 금액의 집을 사본 적도 없다.(그는 테네시 주 프랭클린 카운티에서 어린 시절을 보내면서 담보대출을 받아 집을 구입한 사람들이 나중에 큰 곤란을 겪는 것을 많이 보았다.) 그는 요즘도 비행기를 탈 때면 항상 이코노미 좌석만 이용하고, 이렇게 모은 돈을 즐거운 마음으로 자선단체에 기부한다.

템플턴이 독립해서 자신의 투자자문 회사를 차렸던 1940년, 뉴욕의 RCA빌딩에 처음 사무실을 연 뒤 비서에게 절대로 새 타자기를 사지 말라고 했다. 일단 한 번이라도 사용한 중고 타자기 가격은 신제품보다 30~40%는 저렴했다. 그의 회사에서는 사용한 지 몇 달 되지 않은 괜찮은 타자기를 중고시장에서 신제품에 비해 40% 이상 낮은 가격으로 구입해 사용했다.

그는 사무실을 꾸미면서 이 같은 타자기 원칙을 모든 집기와 공간에 적용했다. 그는 굳이 번쩍거리는 새 제품을 사면서 돈을 낭비하고 싶지 않았다. 사무실은 일하기에 충분한 공간이면 됐다.

RCA빌딩의 사무실 공간이 너무 비좁아지자 템플턴은 당시 뉴저지 주 잉글우드에 있던 그의 집 근처에 연구조사 부서 사무실을 두기로 했다. 그는 1층에 약국이 있는 오래된 2층짜리 건물을 발견했고, 수리조차 하지 않은 건물이라 한 해 임대료로 평방피트당 1달러만 내고 사무실을 구할 수 있었다. 템플턴은 불과 몇 백 달러를 들여 현관을 비롯한 사무실 내부를 품위 있게 꾸몄다. 더욱 중요한 것은 한 해 2000달러의 임대료로 2000평방피트(약 186평방미터)가 넘는 사무실을 얻었다는 사실이다.

사무실 공간과 같은 큰 물건은 물론 타자기와 같은 소소한 물건들에 이르기까지 철저히 낭비를 배제한 검약 정신이 있었기에 템플턴의 회사는 설립한 지 2년째 되는 해부터 매년 순이익을 기록할 수 있었다.

절약하는 정신이 있어야 자립할 수 있는 나이를 앞당길 수 있다고 템플턴은 말한다. 젊은이들은 특히 자신의 씀씀이를 스스로 책임질 수 있어야 비로소 검약하는 자세를 갖게 된다. 그래야 비로소 자기 사업을 꾸려나갈 수 있을 정도로 성숙해지는 것이다.

존 템플턴이 자랐던 미국 남부의 시골마을에서는 부모님 나이가 예순이 넘으면 자식들이 부모를 부양하는 전통이 있었다. 그는 이런 전통이 부모와 자식 세대 모두에게 매우 좋은 영향을 미친다고 말한다. 젊은 세대는 자기 자신만이 아닌 부모를 부양하기 위해 더욱 공손한 마음가짐과 절약 정신을 가질 것이며, 부모 세대는 늙어서도 경제적인 부담에서 벗어날 수 있다. 또 자식, 손자들과 함께 살아가는 조부모 세대는 혼자 사는 것보다 훨씬 행복하고, 손자들이 자라나는 데 도움을 줄 수 있다.

가진 것을 아끼고 저축해야 한다는 교훈을 템플턴은 어린 시절 농부들로부터 배웠다. 그는 농부들을 유심히 관찰했다. 힘들고 어려워하는 농부들은 대부분 빚을 지고 있었다. 그렇지 않은 농부들은 빚이 없었다. 아주 간단했다. 대공황의 여파가 8년이나 지속되자 빚이 없는 농부들은 씀씀이를 줄여서라도 농사를 계속 지을 수 있었고, 자기 땅도 그대로 유지할 수 있었다. 그러나 빚을 진 농부는 부채가 계속 늘어갔다. 급기야 빚을 갚기 위해 자기 땅을 팔아야 했고, 살 집마저 잃어버렸다.

고향의 농부들을 지켜보면서 템플턴이 배운 원칙은 주식 투자자에게도 그대로 이어진다. 많은 사람이 신용을 얻어 주식을 매수한다. 이런 사람들은 결국 깡통 구좌를 차고 퇴출되고 만다. 주가가 떨어지고, 더 이상 현금 조달 능력이 바닥난 상황에서 증권회사는 이런 사람들의 보유 주식을 팔아버린다. 당연히 이들의 매도 시점은 최악이다. 주가가 너무나 저평가돼 있는 상황이기 때문이다. 하지만 빚이 없고, 신용도 쓰지 않은 투자자는 주가가 큰 폭으로 떨어져도 치명타를 입지 않는다. 다시 말하지만 검약이 바로 구원의 손길이 되어준다. 검약은 성공으로 가는 길을 밝혀준다.

빚을 진 농부나 신용을 얻어 주식을 산 투자자와 마찬가지로 석유산업에서도 이 원칙은 그대로 적용된다. 1920년대 미국에서는 석유 시추 붐이 불었다. 많은 사람이 돈을 빌려 시추공을 뚫었다. 어떤 이들은 자신이 모은 돈을 다 털었다. 그 와중에 동부 텍사스의 유전에서 엄청난 석유가 생산되기 시작하자 유가는 배럴 당 10센트까지 폭락했다. 남의 돈을 빌려 석유 사업에 뛰어든 사람은 부채를 갚을 수 없었고, 끝내 시추권마저 팔아야 했다. 하지만 절약해서 자기 자금으로 석유 사업을 시작한 이들은 불과 몇 달에 그쳤던 어렵고 힘든 시기를 무사히 견뎌냈다. 유가는 곧 배럴 당 1달러 수준을 회복했다.

돈을 아껴 저축하고 낭비하지 말라는 템플턴의 가르침은 물론 이런 사례 외에도 많은 곳에서 발견할 수 있다. 그는 특히 벤저민 프랭클린과 존 D. 록펠러를 비롯해 절약 정신을 실천한 많은 이들의 삶을 연구했다. 템플턴은 그 중에서도 록펠러가 자신의 부에 대해 말한 대목을 잊지 못한다. "진정으로 부유해지고 싶다면 당신이 가진 돈이 당신에게 돈을 벌어다 줄 수 있도록 하라. 당신이 직접 일해서 벌어들일 수 있는 돈은 돈이 벌어다 주는 돈에 비하면 아주 적다."

돈은 빌리지도 말고 빌려주지도 말라.

돈을 빌려주면 돈과 함께 친구도 잃을 수 있다.

돈을 빌리면 알뜰했던 살림살이마저 파탄에 빠질 수 있다.

셰익스피어의 작품에 나오는 이 말은 존 템플턴의 가르침을 그대로 전한다. 그는 이렇게 살아왔다. 그는 정신적으로, 또 세속적인 측면에서도 성공했다. 이 말의 의미를 절실히 깨달은 덕분이다. 그는 개인적으로 일체의 빚을 지지 않음으로써 자신의 재산을 난공불락의 요새로 만들었다.

당신도 할 수 있다. 앞서 소개한 미카우버 씨의 말을 알기 쉽게 다시 써보자. 1달러를 벌었는데 1달러 10센트를 썼다면 당신은 파산할 것이다. 그러나 1달러를 벌었는데 90센트만 썼다면 당신은 성공을 향해 나아가고 있을 것이다.

제12단계를 확실히 해보자. 아껴서 저축하고 최고의 수익률로 이를 늘려나가는 것은 인생에서 성공과 행복을 가져다 주는 열쇠다. 다음에 제시하는 '예, 아니오'의 물음은 당신이 지금 어느 정도나 안정적인 재산 상태에 있는지 보여줄 것이다.

1. 매달 월급 가운데 일부를 저축하는가?

2. 수입과 지출 계획을 미리 세우는가?

3. 예산 범위 내에서 생활하는가?

4. 인플레이션이 닥쳐도 흔들리지 않도록 지혜롭게 투자하고 있
   는가?
5. 가구나 자동차 같은 비싼 물건은 물론 비누나 수건 같은 사
   소한 물건들도 중고시장이나 벼룩시장에서 구입하려고 찾아
   본 적이 있는가?
6. 어떤 물건이건 충동적으로 구매하기 보다는 신중하게 고려한
   다음 사려고 하는가?

이 책을 모두 읽고 제21단계까지 마음속에 새겨둔 다음 이 물
음에 답한다면 모든 질문에 분명히 '예'라고 말할 수 있어야 한다.

더 나아지도록 꾸준히 노력하라

Templeton Plan

토머스 에디슨은 이런 말을 남겼다. "어떤 일을 20년 전과 똑같은 방식으로 하고 있다면 다른 방법을 찾아보라. 분명히 더 좋은 방법이 있을 것이다." 존 템플턴은 평생 이 말을 잊지 않았다. 그에게 이 말의 의미는 변화를 구하고, 변화를 즐겁게 받아들이라는 뜻이었다. 변화는 문제가 아닌 도전이다. 어떤 결과를 도출해내는 데 더욱 효과적인 방법으로 이끌어주는 발전의 과정이 바로 변화기 때문이다.

이 같은 발전은 현재 상황에 대한 정확한 평가에 기초해야 이룰 수 있다. 혼자 힘으로 경영대학원Business School을 설립한 로저 뱁슨은 이렇게 말했다. "일이 뜻대로 되지 않는다면 우선 당신이 어떤 자세로 그 일을 수행하고 있는지 찬찬히 되돌아볼 필요가 있다. 특히 당신이 어떤 마음가짐으로 그 일을 수행하고 있는지 평가하는 데 노력을 기울여야 한다."

어떤 일을 끝까지 완수하는 것이야말로 발전하는 데 가장 중요한 요소다. 윌리엄 패더의 말을 다시 인용해보자. "고객에게 어떤 물건을 팔았다면 먼저 당신부터 고객이 그 물건에 만족할 것이라는 확신을 가져야 한다. 고객이 그 물건을 다 쓸 때까지 고객과 함께하라. 어쩌면 당신이 판매한 물건의 수명이 워낙 길어 그 고객은 더 이상 그 물건을 다시 사지 않을지도 모른다. 하지만 그렇더라도 그 고객은 당신을 알릴 것이며, 그의 친구에게 당신의 물건을 팔아줄 것이다."

발전의 핵심 요소는 경쟁이다. 그 중에서도 가장 어려운 경쟁이란 다름아닌 자신이 일군 과거의 성과와 경쟁하는 것이다. 17세기 스웨덴 통치자였던 크리스티나 여왕은 이렇게 말했다. "항상 자신의 능력 이상을 발휘하고자 노력하는 것이 필요하다. 살아있는 한 이런 노력은 계속돼야 한다."

발전해 나간다는 것은 존 템플턴의 철학에서 핵심적인 부분이다. 이런 발전의 비밀을 알려주는 세 가지 구절을 소개하겠다.

미국의 현대 인상파 화가인 존 케롤은 말했다. "오늘날 인류의 진보와 개인의 발전은 전적으로 무엇인가를 거부할 수 있느냐에 달려있다. 휴식의 거부, 안락함과 즐거움의 거부, 나태와 해이의 거부다. 그럼으로써 내일은 더욱 풍요로울 수 있다."

기업가였던 C. R. 로턴이 말한 자신의 신념은 이렇다. "시간은 결코 되돌릴 수 없는 것이다. 친구는 잃었다가도 다시 얻을 수 있다. 돈 역시 다 날려버렸다 해도 다시 찾을 수 있다. 한번 사라져버린 기회도 다시 찾아올 수 있다. 하지만 한번 허송해버린 시간은 다음에 아무리 좋은 일에 쓰려고 해도 절대 되돌릴 수 없다. 자신이 몸담고 있는 분야에서 성공할 수 있느냐의 여부는 저녁을 먹은 뒤의 시간을 어떻게 활용하느냐에 달려있다 해도 과언이 아니다."

끝으로 알버트 존슨 목사의 말을 들어보자. "앞으로 나아가지 않고 수구적인 자세를 취하려 드는 것은 나이 때문이 아니라 그릇된 사고방식 때문이다. 생각부터 유연하지 못하고 새로운 아이디어에 저항하는 사람은 젊은이들 중에도 많다. 발전하기 위해서는 정신적으로 항상 긴장하고 더 나아지기 위해 부단히 노력해야 한다."

존 템플턴은 경영학 분야의 연구가 여러 면에서 발전적이지 않다는 판단이 서자 옥스퍼드대학교에 기부금을 내고 템플턴 칼리지를 세웠다. 그의 부모님을 기리기 위해 이름 붙여진 이 학교는 경영대학원인데, 많은 사람들에게 잘못 이해되고 있고, 또 경영학의 정식 교과목으로도 잘 채택되지 않고 있는 기업가 정신 entrepreneurship을 중점적으로 가르치고 있다.

템플턴 칼리지 기증식에서 당시 영국 교육부 장관이었던 케이스 조셉 경은 "기업가 정신"을 적절하게 표현할 만한 단어가 영어에는 없다고 말했다. 그러자 템플턴이 대답했다. 기업가 정신과 가장 가까운 영어 단어는 선의를 베푸는 사람benefactor이라고 말이다. 기업가란 당연히 이 사회에 선의를 베풀어야 하기 때문이다. 이들은 일자리를 창출하고, 세금을 내고, 생산성을 높여 이 사회에 기여한다. 기업가는 더 낮은 비용으로 더 높은 품질의 제품을 생산하고자 끊임없이 노력한다. 그런 점에서 한 나라가 발전하기 위한 열쇠는 기업가를 양성하는 것이다.

발전과 향상을 위한 또 한 가지 방법은 정신적인 영역에 집중하는 것이다. 템플턴 재단은 템플턴상 수상자를 선정할 때 무엇보다 종교적인 면에서 그 사람이 얼마나 새롭고 창조적인 사고를 가졌는가를 살펴본다. 템플턴은 우리 인간이 성공적인 삶을 누리는 데 종교 분야에서의 발전이 화학이나 의학, 심지어 평화 분야에서의 발전보다도 중요하다고 말한다.

오늘날 우리는 아주 다양한 분야에서 이뤄지는 발전의 혜택을 누리며 살아가고 있다. 다음은 존 템플턴이 1984년 금융 애널리스트 연합회에서 행한 연설의 일부분이다.

"미래는 과연 어떤 모습일까요? 자유가 지금처럼 유지되는 한 미래는 더욱 영광스러울 것입니다.

내가 태어났을 무렵 공장에서 일하는 미숙련 근로자의 임금은 시간당 10센트에 불과했습니다. 지금 공장 근로자의 평균 임금은 시간당 9달러에 달합니다. 인플레이션을 감안하더라도 10배 이상 늘어난 셈입니다. 미국 연방정부의 예산은 대공황이 시작되기 이전 1929년 황금기 당시에 비해 300배 가까이 증가했습니다. 전세계적인 1인당 실질 소비금액, 즉 실질적인 평균 생활수준은 4배 이상 높아졌습니다.

우리의 경제적 자유는 지금으로부터 208년 전 애덤 스미스가 《국부론》이라는 위대한 저작을 출판하면서 비약적으로 발돋움했습니다. 오늘 제가 매고 있는, 애덤 스미스가 살아있을 당시 유행했던 것과 같은 넥타이는 필라델피아 소사이어티가 이 같은 자유를 기념하기 위해 제작한 것입니다. 208년이라는 기간 동안 우리는 경제적 자유를 향유하면서 세계적인 상품과 서비스의 생산량을 100배 이상 늘렸습니다. 이 수치는 인플레이션을 감안한 실질적인 상품과 서비스의 생산량이 100배 이상 늘었다는 것입니다.

애덤 스미스가 《국부론》을 저술하기 이전 이 지구상에는 1000개도 채 안 되는 기업이 있었습니다. 지금은 전 세계적으로 매일 4000개 이상의 기업이 새로 설립되고 있습니다. 애덤 스미스가 살던 시절에는 전 인구의 85%가 농업에 종사해야 했습니다. 하지만 지금 미국의 경우 전 인구의 불과 4%만 농업에 종사하면서도 농산물은 자급자족하고도 남을 정도입니다.

금세기 이전까지 꿈꾸어보지 못했던 번영과 풍요를 우리는 지금 누리고 있습니다. 이 같은 발전이 장래에도 계속될까요? 우리가 경제적 자유를 더욱 잘 지켜나간다면 이런 흐름은 계속될 것이고, 더욱 가속화될 것입니다. 우리는 어쩌면 더욱 빠르고 광범위한 변화를 원할지도 모릅니다. 삶이란 모험과 기회로 가득 차 있으며 결코 지루하거나 따분하지 않습니다.

미국의 올해 연구개발 투자액은 1000억 달러가 넘습니다. 이 같은 금액은 제가 태어나기 이전까지 전세계가 투자했던 연구개발 투자액보다도 많은 것입니다. 의료와 오락 분야는 물론 우리의 영적인 성장과 자선사업을 위해 거액의 자금이 쓰여지고 있습니다. 미국에서만 올해 500억 달러 이상의 돈이 교회와 자선사업에 기부될 것으로 예상됩니다. 미국인들이 매년 자발적으로 내는 기부금은 애덤 스미스가 살았던 시대의 전세계 국민총생산보다 더 많습니다.

우리는 이런 시대에 태어난 것을 축복이라고 생각해야 합니다. 인류가 느리게 발전해왔던 오래 전의 시대는 이미 끝났습니다. 이제 인류는 놀라운 진보의 꽃을 활짝 피우는 단계로 접어들었습니다. 지식의 발전은 더욱 가속화하고 있고, 우리는 과학적 사고의 열매를 수확하고 있습니다. 우리가 살고 있는 우주가 과거에 생각했던 것에 비해 1000억 배 이상 크다는 것을 발견한 것은 불과 60년 전입니다. 역사상 우리가 과학자라고 부르는 학자들 가운데 절반 이상이 금세기에 살고 있습니다. 유사 이래 인류가 생산한 물건의 절반 이상은 애덤 스미스 이후의 두 세기 동안 생산된 것입니다. 지금까지 출간된 책의 절반 이상이 최근 반 세기 사이 출판된 것입니다. 콜럼버스가 태어나기 이전에 이 지구상에 있었던 모든 책들보다 더 많은 책이 지금 매달 새로 출간되고 있습니다.

새로운 발견과 발명은 결코 멈추지 않고 늦춰지지도 않습니다. 연구개발이 더욱 가속화되는 상황에서 무엇이 새로 발견될지 과연 누가 상상이나 하겠습니까? 새로운 발견은 새로운 신비를 풀어냅니다. 우리가 더욱 많이 알수록 과거에 우리가 얼마나 무지했는지 깨닫게 되고, 또 앞으로 얼마나 더 많은 발견이 필요한지 알게 됩니다.

당신에게 주어진 축복에 진정으로 감사하면서 매일같이 무릎을 꿇고 기도하지 않는다면 아직도 큰 그림을 보지 못한 것입니다.”

물론 지금 이뤄지고 있는 변화가 모두 발전적인 것만은 아니다. 변화라고 해서 의료 분야에서의 획기적인 진전이나 새로운 과학적 발견이 전부는 아니다. 변화는 건설적인 것일 수도 있고, 파괴적인 것일 수도 있다. 하지만 파괴적인 변화는 금방 끝난다. 세상은 언제나 유용하지 않은 것들은 재빨리 제거하고 최선의 것만을 택해 발전해 나간다.

발전하고자 하고, 성공하고자 하는 사람들은 반드시 생산적이며 유용한 목표에 집중해야 한다. 그럼으로써 자신의 행동이 남에게 도움을 줄 수 있고, 그것이 행복과 충만을 얻는 길이기 때문이다.

앨빈 토플러는 그의 책《미래의 충격Future Shock》에서 현대 사회에서 문제는 변화가 너무 많은 것이라고 지적하고 있다. 하지만 실제로 문제가 될 정도로 그렇게 많은 변화는 없다. 오히려 이 책의 제목을 제대로 붙인다면 차라리 "미래의 즐거움Future Joy"이 적당할 것이다. 변화는 발전을 가져오고, 발전은 번영과 행복으로 이어지기 때문이다.

발전하기 위해서는 늘 열린 마음을 갖고, 폭넓은 독서와 여행으로 시야를 넓히고, 끊임없이 궁금해하며, 긴장된 자세로 자신의 일에서 항상 새로운 방법을 찾으려 애써야 한다. 무엇보다 찾고자 노력해야 한다. 찾지 않는 사람에게는 절대 보이지 않는다. 마태복음 제7장 7-8절에 이런 말이 있다. "구하라, 그러면 주실 것이요. 찾으라, 그러면 발견할 것이요. 두드리라, 그러면 너희 앞에 열릴 것이다. 구하는 이는 모두가 얻을 것이요. 찾는 이는 모두가 발견할 것이요. 두드리는 이에게는 열릴 것이다."

의학 분야에서의 발전을 한번 생각해보자. 지금까지 알려진 중요한 의학적 발전 가운데 절반은 지난 수십 년 사이 이뤄진 것이다. 또 모든 발전의 90%는 20세기 이후 새로 발견된 것이다.

우리가 지금 살아가고 있는 세계와 시대는 그야말로 눈부시게 발전하고 있다. 우리는 역사상 그 어느 시대보다 더 좋은 교육을 받고 있고, 더 잘 먹고 있고, 더 좋은 집에서 살고 있다. 하지만 이 같은 발전을 정말 위대한 것으로 만들기 위해서는 우리가 누리고 있는 행운을 제대로 이해하고, 이를 고귀한 목적을 위해 써야 한다.

존 템플턴은 끊임없이 새로운 투자 방법을 시험한다. 어떤 새로운 방식을 도입할 것인지 선택하고, 그 중에서도 좋은 성과를 거두는 방식이 어떤 것인지 판단하는 데서 발전의 비결을 찾는다. 다른 주식 분석가들보다 앞서나가기 위해 전문 분야의 책을 더 광범위하게 읽고, 아직 알려지지 않은 새로운 기법을 시험해보고자 노력한다.

당신이 어느 분야에서 일하든 열심히 공부하고, 자기 분야에서 가장 지식이 풍부한 사람이 되고자 애쓰는 것은 무척 중요하다. 자신의 분야에서 어떤 일이 일어나고 있는지 자기 나라에서뿐만 아니라 시야를 넓혀 전세계적으로 관찰하는 게 중요하다. 그렇게 함으로써 보다 개방적이고 유연해질 수 있으며, 다른 문화와 다른 환경에서 일어나는 일들을 더 잘 이해할 수 있기 때문이다.

예를 들어보자. 소아과 의사인 존 템플턴의 아들은 미국 의료계

대표단의 일원으로 중국 의사들과의 공동 연구를 위해 중국을 방문한 적이 있다. 미국과 중국 의사들은 서로 다른 치료 방법에 대해 정보를 교환했고, 그 결과는 양쪽 모두에게 긍정적이었다. 두 나라 의사들은 모두 그 이전까지 서로 알지 못했던 것들을 배웠다. 발전의 비결이란 이처럼 끊임없이 배우는 것이다.

작가이자 변호사였던 E. 파말리 프랜티스는 말했다. "지구상에서의 인류 역사를 되돌아보면 야만에 가까웠던 300만 년과 힘든 노동으로 채집과 경작에 의존해야 했던 1만 년 정도의 세월, 그리고 비약적으로 발전한 150년이 있었다. 우리가 인류 역사상 발전이라고 일컫는 것들은 모두가 이 시간 속에 들어있다."

가속화하고 있는 성장률을 감안할 때 과연 우리가 향후 20년 동안 얼마나 놀라운 발전을 이뤄낼 것인지 생각해보라.

우리에게 발전의 비결이란 현재의 일에 최선을 다하면서 항상 미래를 지향하는 것이다.

요약해보자. 제13단계에서는 끊임없이 발전하기 위해 필요한 원칙들을 설명했다. 부지런히 이 원칙들을 실천에 옮기라. 그러면 개인적으로 더욱 빨리 발전할 수 있을 것이다. 그 중에서도 다음은 특히 중요하다.

1. 변화를 제어하는 능력.
2. 과거에 자신이 이뤘던 성과와 기꺼이 경쟁하고자 하는 자세.

3. 마음속의 기업가 정신을 더욱 고양시키는 것.

4. 생산적이며 유용한 목표에 집중하는 것.

5. 자신의 분야에서 가장 지식이 풍부한 사람이 되기 위해 늘 노력하는 것.

Step 14

사고를 절제하고 효과적으로 행동하라

Templeton Plan

생각을 제어한다thought control고 하면 부정적인 이미지가 떠오른다. 마치 권위주의 정부나 사교邪敎 집단 같은 외부에서 우리 생각을 통제한다는 의미로 받아들여지기 때문이다. 하지만 존 템플턴은 정반대로 이해한다. 그것은 스스로 영감을 주는 것이라고 말이다. 그는 생각이나 감정을 내면으로부터 절제하는 훈련을 실천해왔고, 이를 강조하고 있다. 자신의 사고를 스스로 절제하는 것을 긍정적으로 바라보는 그의 시각은 자기 절제의 중요한 한 형태다.

템플턴은 말한다. "우리는 환경이나 우연의 산물이 아닙니다. 우리는 자기 자신의 생각의 산물입니다. 생각은 우리의 말과 행동을 결정짓고, 우리를 바라보는 다른 사람들의 시각을 결정짓고, 그들이 우리와 함께 사업을 할 것인지를 결정하는 데도 영향을 미칩니다. 생산적이고 성공적인 삶을 영위하고 싶다면 스스로 자신의 생각을 절제할 수 있어야 합니다. 하지만 대다수가 자신의 생각을 절제하려는 노력을 전혀 하지 않은 채 그저 아무렇게나 생각하면서 살아갑니다. 자신의 사고를 절제하는 것은 매우 어려운 일입니다. 그러나 장기적으로 계속 단련하면 마치 피아노를 치는 것처럼 점차 쉬워집니다. 그리고 마침내 자신의 생각을 스스로 절제할 수 있는 경지에 오르게 되면 자신의 마음을 무성한 잡초 대신 아름다운 꽃들이 만발한 정원으로 만들 수 있습니다."

기독교 연합 신학대학원에서는 존 템플턴의 긍정적인 자기 절제 이론을 이렇게 요약한다. "마음을 다스리는 자는 세계를 다스리는 것이다." 사도 바울이 성령의 열매를 이야기했을 때(갈라디아서 제5장 22절) 아홉 가지 열매 가운데 하나가 바로 자기 절제였다. 사람은 누구나 자신의 마음이 어디로 향하고 있는지 주의를 집중해야 한다는 것이 존 템플턴의 강력한 믿음이다. 훌륭한 사람이 되고 싶다면 스스로 생각을 절제할 수 있어야 한다.

템플턴의 놀라운 집중력과 불굴의 의지, 근면 성실함은 스스로 자기 절제의 기술을 개인적으로 단련한 결과라고 할 수 있다. 그는 누구나 이 같은 능력을 갖고 있으며, 이런 특별한 능력을 개발하고자 결심하기만 한다면 얻을 수 있다고 말한다.

"자기 절제 능력을 갖추기 위해서는 노력해야 합니다. 더욱 열심히 노력할수록 보다 쉽게 얻을 수 있습니다. 이렇게 말하는 사람도 있습니다. '나는 도저히 내 생각을 어떻게 할 수가 없어. 늘 잡념이 떠나질 않아.' 하지만 이런 사람은 노력하지 않았기 때문입니다. 가령 피아노 앞에 앉아서 '나는 제대로 칠 수 없어'라고 말한다면 정말로 피아노를 연주하지 못할 겁니다. 이미 마음자세가 부정적이기 때문입니다. 그러나 긍정적인 마음가짐으로 피아노 앞에 앉으면 잘할 수 있다는 자부심 같은 게 느껴질 겁니다. 자기 절제의 실천은 이렇게 시작됩니다."

템플턴도 인정하는 예외가 있다. 어떤 사람들, 특히 동양 사상에 심취한 사람들 가운데는 사고를 극도로 억제하고 명상에 빠져드는 탁월한 능력을 갖고 있는 사람이 있다. 하지만 무아지경에 빠져 마음을 비우는 것은 일반인들에게 매우 어려울 뿐만 아니라 그 유용성이나 목적도 차원이 다르다.

템플턴이 강조하는 자기 절제의 기술은 일종의 "밀어내는crowding-out" 방식이다. 그는 이렇게 설명한다 "마음속에 생산적이고 선한 것만 가득 차 있다면 나쁜 생각은 들어설 수 없을 것입니다. 당신이 밀어낸 생각이란 시기심과 증오, 탐욕, 이기심, 비난, 원한, 혹은 남에게 상처를 주는 비난이나 괜히 쓸데없이 시간이나 낭비하는 사념들입니다. 이런 것들은 인생의 궁극적인 목표를 향하는 데 방해가 될 뿐입니다. 부정적인 생각들을 밀어내는 또 한 가지 방법은 조용히 이런 생각들이 물러나도록 놔두는 것입니다. 마음속으로 이렇게 말할 수도 있을 것입니다. 나쁜 생각들아, 이제 너희가 처음 왔던 곳으로 되돌아가 나에게서 사라져라."

템플턴은 모든 일에 아주 적극적이고 성실하지만 여전히 외적인 잡념을 떨쳐내는 데 많은 시간을 쏟는다. 그의 설명을 들어보자. "올바른 생각이라야 합니다. 절제되지 않은 생각이어서는 절대 안 됩니다. 내가 이렇게 하는 목적은 정신을 맑고 깨끗이 하기 위함입니다."

템플턴은 사고를 절제하는 훈련을 쌓은 이후 그가 가장 중요하다고 느끼는 덕목들에 대해 자신의 열과 성을 다 바칠 수 있었다. 투자에서의 성공과 영적인 깨우침은 절제된 사고에서 나왔다. 절제된 사고는 그의 삶을 더욱 성공적인 방향으로 이끌어준 동인이었다.

사업 분야에서 절제된 사고가 어떤 결과를 가져오는지 한번 보자. 기업의 리더로서 자신의 사고를 특별한 목표에 집중하지 않는다면 어떤 기업도 제대로 커나갈 수 없다. 사업체는 물론이거니와 교회나 자선단체의 경우에도 그 조직이 확실하게 자리매김하려면 우선 리더의 마음가짐이 흐트러지지 않아야 한다.

올바르게 사고를 절제하는 것은 긍정적인 힘이 된다고 템플턴은 강조한다. 그의 설명은 우리가 살아가는 태도와 연결된다. "어떤 낯선 사람이 당신이 있는 방안으로 들어왔다고 합시다. 당신은 그의 모습에서 웃음을 머금은 표정에 주목하겠습니까, 아니면 거칠거칠한 손길에 관심을 두겠습니까? 만약 당신이 이 사람에게 친밀감을 느끼고 좋은 인상을 받으려 한다면 환한 표정에 주목해야지, 어두운 측면에 관심을 기울여서는 안 됩니다.

어떤 상황에서든 보고 싶은 것을 보게 됩니다. 내가 보기에 딱 들어맞는 옛날이야기가 하나 있습니다. 타지 출신의 어떤 사람이 성문 앞에 와서 문지기에게 물었습니다. '이곳 성 안에는 어떤 사람들이 사나요?'

그러자 문지기가 답했습니다. '당신이 살던 곳에는 어떤 사람들

이 살았는데요?'

'네, 깡패와 도둑, 바보 멍청이들뿐이었지요.' 이 사람의 대답이었습니다.

그러자 문지기가 말했습니다. '여기서도 당신은 그런 사람들을 만날 것입니다.'

또 다른 타지 출신의 사람이 성문 앞에 다가와 문지기에게 똑같은 질문을 던졌습니다. 문지기는 이번에도 이렇게 물었습니다. '당신이 살던 곳에는 어떤 사람들이 살았는데요?'

이 사람은 '모두 다정하고 너그러운 사람들이었다'고 대답했습니다.

그러자 문지기는 '여기서도 당신은 그런 사람들을 만날 것'이라고 말해주었습니다.

우리의 삶이 바로 이런 식입니다. 자기 절제가 얼마나 효과적이며 성공과 밀접한 것인가를 단적으로 보여주는 일화라고 할 수 있습니다. 만나는 사람마다 모두 좋은 인상을 갖고 있기를 바란다면 이렇게 자문해보기를 바랍니다. '그 사람의 삶과 성격의 어느 구석인가에는 구세주와 같은 광채가 빛나고 있을 텐데'라고 말입니다. 그리고 나서 그 사람을 다시 잘 관찰해보면 분명히 좋은 점을 발견할 것입니다. 구세주는 우리가 깨닫기를 기다리면서 늘 그곳에 서 계십니다.

아침에 잠에서 깨어나면 제일 먼저 정말로 감사해야 할 다섯 가지를 마음속으로 정리해보십시오. 당신의 하루가 제자리를 잡을 것입니다. 감사하는 마음과 기쁨으로 충만해 있다면 결코 부정적인 감정이 생겨날 수 없을 것입니다."

존 템플턴은 개인적인 삶에서, 또 사업을 하면서 반드시 건설적인 생각과 행동만을 하고자 했다. 그는 의식적으로 실제 생활에서 그렇게 하려고 애썼고, 매일같이 빌립보서(제4장 8절)에 나오는 사도 바울의 말을 암송했다. "정말로 형제들이여 무엇에든지 참되며, 무엇에든지 경건하며, 무엇에든지 사랑스러우며, 무엇에든지 정중하도록 하라. 정말로 훌륭한 것이 있다면, 정말로 찬양할 것이 있다면 이것들을 생각하라." 이 말은 템플턴이 비즈니스를 할 때는 물론 개인적인 삶을 살아나가는 데 있어서 성경의 다른 어떤 구절만큼이나 중요한 지침이 되었다.

템플턴은 장로교 교회에 다녔고, 기독교 연합학회Unity School of Christianity의 회원은 아니었지만 이곳에서 출간한 저작물들을 읽고 많은 것을 얻었다. 예를 들면 찰스 필모어가 그의 저서《번영 Prosperity》에 남긴 글은 폐부를 찌른다. 인간 모두에게는 아주 특별한 능력이 주어져 있음을 상기시켜주는 구절이다. "마음만 먹으면 당신은 무슨 일이든 할 수 있다. 어떤 생각을 하느냐는 것은 전적으로 당신에게 달려있다. 자신의 생각은 자기가 통제할 수 있다. 강제할 수도 있다. 가라앉힐 수도 있고, 없애버릴 수도 있다. 생각을 완전히 바꿔버릴 수도 있다. 스스로 통제할 수 없는 영역이란 이 세상에 없다. 하늘이 내려주신 능력은 당신이 생각하는 것보다 훨씬 크다. 이 점을 깨닫고, 자신의 능력을 최대한 발휘하고자 할 때 비로소 당신은 신을 향해 첫 걸음을 내딛게 될 것이다. 이것이야말로 마음으로, 또 생각으로 신에게 다가설 수 있는 유일한 길이다."

템플턴이 좋아하는 다음 인용구들은 자신의 생각을 조절하는 것이 얼마나 중요하고 도움이 되는지 잘 설명해준다.

작가인 어네스트 홈즈는 이런 말을 남겼다. "인생이란 자신이 생각하는 것을 그대로 비춰주는 거울이다."

작가이자 광고회사 경영자였던 조지 매튜 애덤스의 말을 들어보자. "잡초가 무성하면 정원을 버리고 농사도 망친다는 것을 누구나 알고 있다. 정원사나 농부는 늘 잡초를 뽑아내야 한다. 우리 인격이 성장해 나가는 것도 이와 똑같다. 우리의 약점이나 버릇을 자기 자신만큼 잘 아는 사람은 없다. 그러므로 자기 마음속의 잡초를 제거하고, 자신의 인격이 값진 열매를 맺을 수 있도록 가꾸어 나가는 것은 각자에게 달려있다."

그랜빌 클라이저의 말을 다시 인용해보자. "신문 광고와 각종 발표, 호소문 등이 무의식적으로 우리에게 영향을 미치듯 자기 암시를 통해 자신의 삶을 변화시킬 수 있다. 매일 아침 일어나 처음으로 하는 행동이나 잠자리에 들기 전 그날 마지막으로 하는 행동을 통해 우리는 자기 자신의 인격과 성격에 반영되었으면 하는 특별한 자기 암시를 할 수 있다. 자신이 바라는 것이 마음속에 깊이 자리잡을 때까지 이런 자기 암시를 조용히, 또는 큰 소리로 계속해서 외워보라."

대학 학장을 지낸 제임스 알렌은 자신의 신념을 이렇게 적었다. "우리의 삶은 우리의 생각이 만드는 것이다. 어떤 사물이나 사람에 대한 생각을 바꾸면 그 사물이나 사람 역시 우리를 바라보는 시각이 바뀐다는 것을 알게 될 것이다."

작가이자 출판편집자였던 토머스 드라이어는 우리가 어떻게 생각하는가에 대해 아주 시각적으로 설명해준다. "화가는 붓을 들어 캔버스에 그림을 그리기 전에 그림을 이미 마음속으로 보고 있다. 물감과 캔버스를 이용해 자신의 생각을 바깥에 표출할 뿐이다. 자기 자신을 그림이라고 생각해보라. 그러면 무엇이 보이는가? 스스로를 어떻게 표현해야 할 것인가? 정말 그려볼 만한 가치가 있는 그림인가? 당신이 생각하는 자신이 바로 당신이다. 당신은 마음속으로 갖고 있는 자신의 이미지를 스스로 만들어내는 것이다. 당신이 누구인가는 당신이 무엇을 생각하느냐에 달려있다."

진화론의 주창자인 찰스 다윈은 이런 글을 남겼다. "우리가 도달할 수 있는 가장 높은 수준의 도덕적 단계는 스스로 절제해야 한다는 점을 깨달을 때다."

조지 매튜 애덤스의 말을 다시 인용한다. "할 수 있다는 생각만 한다면 우리는 혼자 힘만으로 거의 무슨 일이든 다 할 수 있다. 위대한 업적이라고 일컬어지는 일들도 모두 처음에는 생각을 한 데서 비롯됐다. 생각하라―다만 분명한 목적이 있어야 한다. 건설적으로 생각하라. 생각을 하면서 책을 읽으라. 들을 때도 생각을 하면서 들으라. 여행하며 새로운 광경을 바라볼 때도 생각을 하라. 직장에서 일하거나 산책을 하면서도 생각을 하라. 자신의 삶을 한 단계 더 높은 수준으로 고양시킬 수 있도록 생각을 하라. 진지한 생각 없이는 발전도, 성공도 있을 수 없다.

대학 학장을 지냈으며 자기계발에 관한 여러 저술을 남긴 존 호

머 밀러의 말을 들어보자. "삶이 당신에게 어떤 것을 가져다 주느냐 보다는 당신이 어떤 자세로 살아가느냐에 따라 당신의 삶은 결정된다. 무슨 일이 당신에게 일어나느냐 보다는 당신이 어떤 마음으로 그런 일을 바라보느냐에 따라 당신의 삶은 결정된다. 당신에게 주어진 환경은 당신의 삶에 색칠할 수 있다. 하지만 그것이 어떤 색깔이 될 것인지 선택하는 건 당신의 마음이다."

마지막으로 두 구절만 더 옮겨보겠다. 먼저 워싱턴 어빙의 말이다. "위대한 자의 마음에는 목적이 있지만, 그렇지 않은 사람의 마음에는 바람만 있을 뿐이다." 다음은 랄프 왈도 에머슨의 말이다. "괜히 여기저기 기웃거리며 다른 사람이 저지른 실수를 책망하고 그 사람의 잘못을 비난하는 데 자신의 영혼을 낭비하지 말라. 정말로 바로 잡아야 할 유일한 사람은 당신 자신이다."

템플턴이 전하고자 하는 메시지는 분명하다. 뜻을 제대로 알고 실천한다면 자신의 생각을 조절하는 것은 아주 긍정적인 자기 절제가 될 것이며, 훌륭한 행동으로 이어질 것이다. 자신의 생각에 사로잡혀 이끌려가는 것이 아니라 자신의 생각을 제어하는 것이야말로 성공과 행복으로 가는 열쇠다.

제14단계의 가르침들을 정리해보자.

1. "생각을 제어한다"는 것을 조지 오웰의 소설 《1984년》에 나오는 것처럼 그렇게 강제적이라고 생각하지 말라. 오히려 마음을 더 맑게 하고, 더욱 효과적인 목적을 갖도록 해주는 긍정

적인 힘이라고 생각하라.

2. 당신은 자신이 생각하는 그대로라는 점을 상기하라. 자기 자신을 좋게 생각한다면 다른 사람들도 당신을 좋게 생각할 것이다. 당신이 숨쉬며 살아가는 주변 환경은 당신의 마음이 만들어내는 것이다.

3. 당신의 마음을 온통 좋은 생각과 생산적인 생각으로만 가득 채워 다른 생각들이 자리잡을 수 없도록 하는 "몰아내기" 방법을 실천해보라. 곧 당신 마음속에서 나쁜 생각들이 사라져버릴 것이다.

4. 아침에 잠에서 깨어나면 어떤 마음가짐으로 그날을 보낼 것인지 생각하라. 정말로 감사해야 할 다섯 가지를 떠올려보고 그것을 마음속에 담아두도록 하라.

앞서 제10단계에서 우리는 시간의 노예가 아닌 시간의 주인이 될 수 있다는 점을 배웠다. 이제 제14단계에서 우리는 생각의 주인이 될 수 있다는 점도 배웠다. 행복하고 성공적인 삶으로 우리를 이끌어주도록 자신의 생각을 인도할 수 있는 것이다.

사랑은 우리 삶에 꼭 필요한 것이다

Templeton Plan

존 템플턴은 말한다. "성경에서는 사랑의 의미에 대해 자주 언급하고 있습니다. 마태복음에 나오는 산상수훈을 보면 적을 사랑하라고 말씀하셨습니다. 우리를 미워하는 사람도 사랑하라고 말씀하셨습니다. 한쪽 뺨을 맞으면 다른 쪽 뺨도 내주라고 하셨습니다. 어떤 이들은 이런 말씀에 코웃음 치며 실제로는 그럴 수 없다고 얘기합니다. 하지만 이런 말씀은 모두가 매우 실제적인 것들입니다. 진정으로 성공적인 삶을 살아가는 데는 이것 외에 다른 길이 있을 수 없기 때문입니다.

사실 당신을 사랑하는 사람을 사랑하기란 그리 어려운 일이 아닙니다. 범죄자라 할지라도 그렇게 할 수 있습니다. 우리에게 무언가를 준 사람에게 무엇을 주기란 쉬운 일입니다. 성경은 그러나 이런 일에 대해서는 칭찬하지 않습니다. 우리가 아무런 대가도 바라지 않고 줄 수 있다면, 우리가 적을 사랑하는 법을 배울 수 있다면, 우리의 아버지가 그러했듯이 너그러운 마음을 가질 수 있다면 비로소 의미 있는 진정한 자손이 될 것입니다.

마태복음(제7장 2절)에서는 '너희가 비판하는 그 비판으로 너희가 비판 받을 것이다'라고 말하고 있습니다. 남을 비난하지 마십시오. 그러면 당신이 용서받을 것입니다. 주십시오. 그러면 당신이 받을 것입니다. 당신이 준 만큼 당신이 되돌려 받을 것입니다."

존 템플턴은 우리 자신을 사랑하는 것도 매우 중요하다고 강조한다. 자기애를 느끼면 다른 사람도 더욱 깊이 사랑할 수 있다. 성공한 사람들은 하나같이 다른 사람에 대한 사랑은 물론 자기 자신에 대한 사랑도 강하다. "네 이웃을 네 몸과 같이 사랑하라"(마가복음 제12장 31절)고 하신 예수의 말씀을 상기해보라. 굳이 자기 자신을 사랑하라는 말씀은 하지 않으셨다. 신이 당신과 다른 모든 인간들에게 전해준 무한한 사랑을 더욱 분명히 느끼기 위해서는 우선 자기 자신부터 사랑해야 한다.

당신이 일하는 분야에서 성공하기 위해서는 자기 자신을 사랑해야 한다. 다른 사람들을 사랑하기에 앞서 우선 자기 자신부터 사랑해야 한다.

삶의 법칙 가운데 하나는 사랑을 함으로써 사랑을 얻는다는 것이다. 존 템플턴은 "남에게 베푼 사랑은 몇 배로 커지지만 베풀지 않는 사랑은 계속 줄어든다"고 적고 있다. 신은 모든 사랑의 원천이며, 우리가 마음을 열어 그 사랑을 받아들인다면 매일같이 다른 사람들에게 그 사랑을 베풀 수 있다.

우리가 만나는 사람 100명 가운데 99명은 선한 품성과 남에 대한 호의를 가지고 있다. 당신도 자의식이라는 두꺼운 외피와 자신의 내면에 숨어있는 두려움을 벗어버리고 투명하고 따뜻한 시각을 가져야 한다. 그러면 선의가 넘쳐나게 될 것이다.

당신의 적을 위해 늘 기도하고 축복하는 습관을 갖는다면 당신의 삶에 행복과 조화가 찾아올 것이다. 당신의 적은 이해와 사랑이 절실한, 그래서 당신의 도움이 필요한 사람이라고 생각하라.

기업경영과 교육 분야에서 많은 저작을 남긴 오드웨이 티드의 말을 들어보자. "우리가 우리 자신을 사랑하듯이 우리 이웃 모두를 사랑해야만 생존해나갈 수 있다는 절대적인 명제는 날이 갈수록 더욱 분명해지고 있다. 생물학 분야에서, 인류학 분야에서, 사회학 분야에서, 역사학 분야에서 새로이 밝혀낸 사실들과 경제적 분석, 심리적 통찰, 평범한 상식, 그리고 인간으로서의 도리에 비춰볼 때 이 명제가 정말 확실하다는 점이 입증되고 있는 것이다."

포콜라레 운동의 창시자인 키아라 루비치는 템플턴상의 다섯 번째 수상자가 됐다. 그녀가 젊은 시절 교사로 일할 때였다. 성경에서 예수가 우리에게 다른 모든 사람들, 특히 도저히 사랑할 수 없는 사람들까지도 열과 성을 다해 사랑하라고 가르쳤음을 읽었다. 그녀는 아직 이 같은 시험에 들지 못했음을 깨달았다.

그녀는 곧 젊은 사람들을 중심으로 모임을 만들어 어떻게 하면 예수가 사랑했듯이 우리도 다른 모든 사람을 사랑하는 법을 배울 수 있을지 토론했다. 토론은 성공적이었다. 키아라 루비치를 비롯한 모임의 구성원들은 더욱 깊은 사랑을 나누기 시작했다. 그녀가 시작한 이 운동은 이탈리어로 "벽난로fireplace"를 뜻하는 포콜라레focolare로 이름 붙여졌다. 벽난로가 열을 발산하듯 그녀와 그녀의 동료들은 사랑을 널리 전파했기 때문이다.

포콜라레 운동에 참여하고 있는 사람들은 모두가 평범한 직장인이거나 사회단체의 회원들이다. 그래서 이들은 뭔가 특별한 것을 찾는 이들에게는 눈에 잘 띄지도 않을 그저 보통사람들이다. 하지만 이들을 매일 접하는 사람들에게는 답답한 사무실에 불어오는 한줄기 신선한 바람 같고, 주변 사람들에게 생기를 불어넣어주는 동력과도 같은 존재다.

포콜라레 운동의 목적은 모든 사람들을 하나로 묶고, 세대간의 벽을 허무는 데 힘을 더하자는 데 있다. 살아있는 복음을 체험하고 있는 그들을 직접 만나본 사람들에 의해, 또 노래와 연극과 춤을 통해 그들은 새로운 형태로 복음의 메시지를 전하기 시작했다. 전세계로부터 답지한 지원에 힘입어 포콜라레 운동 참여자들은 1970년대 말 카메룬에서 방그와 부족들을 위해 병원과 학교, 발전기까지 갖춘 새로운 마을을 지었다.

포콜라레 운동의 참여자들 가운데서도 가장 열성적인 사람들의 핵심적인 특징은 키아라 루비치가 처음에 가졌던 불꽃이 그들의 마음속에 불타고 있다는 점이다. 이 불꽃은 키아라 루비치가 젊었던 시절 제2차 세계대전 당시 이탈리아 트렌토의 방공호에서 타오르기 시작했던 영혼의 "벽난로"였다. 이들은 피부색이나 재산, 소득과는 관계없이 모든 사람을 어떻게 사랑하는지 배웠고, 예수의 열정으로 사랑하는 게 무엇인지도 알았다.

키아라 루비치와 그녀가 일으킨 포콜라레 운동이 전해주는 가장 중요한 교훈은 예수가 산상수훈을 통해 가르친 두 가지 메시지와 똑같이 우리에게 아주 절실하다. 남들 앞에서 자신의 신앙이 깊음을 드러내지 말고 기도하러 갈 때, 혹은 선행할 때 자랑하지 않는 게 중요하다. 하지만 이와 동시에 자신의 신념의 불빛이 어디서 나오는지 굳이 숨기지 않음으로써 다른 이들로 하여금 그 빛이 어디서 나오는 것인지 알게 하는 것도 필요하다.

테네시 주 산골마을에 전해오는 짧은 시가 중에는 템플턴이 오랫동안 좋아했던 이런 구절이 있다. "펌프의 손잡이 길이만으로는 우물이 얼마나 깊은지 절대로 알 수 없을 거야." 어떤 사람을 외모나 입은 옷만으로, 혹은 그들이 말하는 모습과 얼굴 표정만 보고 판단한다면 실수를 저지를 것이다. 그 사람의 내면을 만나봐야 한다. 관용과 인내를 갖고서 사람을 대하면 그들 모두가 갖고 있는 너그러운 인간성을 발견할 것이다.

비즈니스 세계에서든 가족 관계에서든, 혹은 사회적인 관계에서든 성공한 사람들은 하나같이 자기 자신의 범위를 넘어선 사람들이다. 이런 사람들은 남에게 베푼다. 남들보다 자신이 결코 더 낮지 않으며 상대방이 자신의 적이 아님을 알고 있다.

예수가 산상수훈을 통해 우리에게 가르친 이 같은 "황금률"의 기본적인 생각은 다른 종교와 문화에서도 똑같이 나타난다. 우리는 여기 소개된 몇 가지 예를 통해 우리 삶에 꼭 필요한 요소로서 사랑을 어떻게 해야 하는지 배울 수 있다.

- 조로아스터교 : "네가 대접받고 싶은 대로 상대방을 대하라."
- 유교 : "네가 다른 사람에게 당하지 않았으면 하는 행동은 너도 남에게 하지 말라."
- 불교 : "누구나 자신이 그렇게 되기를 원하듯 남도 행복해지기를 바라야 한다. 다른 사람을 해치지 말라. 결국은 자신의 고통이 될 뿐이다."
- 힌두교 : "저마다 자신의 의지에 따라 행동한다. 이를 지켜주고 너 역시 이렇게 행동해야 한다. 이것은 매우 중요한 의무다. 네가 한 행동으로 인해 네가 상처받을 행동을 절대 남에게 하지 말라."
- 도교 : "이웃이 잘 되면 너 자신이 잘 된 것이고, 이웃이 잘못되면 너 자신이 잘못 된 것처럼 받아들이라."
- 유대교 : "너에게 상처를 줄 일은 다른 사람에게도 하지 말라."
- 이슬람 : "이웃과 형제를 대할 때 절대로 그들 자신이 그렇게 대우받고 싶지 않은 식으로 대해서는 안 된다. 이웃과 형제들이 모두 자신을 사랑하듯이 서로를 사랑할 때 비로소 너 역시 진정한 믿음을 갖게 될 것이다."
- 이집트 : "누구나 자신이 바라는 좋은 일을 남이 해주기를 원한다. 그들의 바람이 이뤄지도록 하라."
- 중국 : "네가 너 스스로에게 바라지 않는 일이라면 남들에게도 바라지 말라."
- 페르시아 : "네가 대접받고 싶은 대로 남들에게 행하라."

제15단계에서 배운 것을 요약해보자.

1. 친구를 사랑하는 일은 쉽다. 어려운 일이란 적을 사랑하는 것
   이다. 하지만 이것이야말로 우리 삶에 꼭 필요한 영양분이자
   사랑을 하고자 한다면 반드시 지향해야 할 목표다.
2. 먼저 우리 자신을 사랑해야 한다. 남을 사랑한다는 것은 바로
   우리 내면에서 바깥으로 빛이 퍼져나가는 것이다.
3. 상대방을 관용과 인내로 대하면 비로소 우리 모두가 가지고
   있는 너그러운 인간성을 발견하게 된다.
4. 성공적이고 행복한 삶을 살아가는 사람은 기꺼이 다른 이들을
   껴안는 위험을 감수하고자 한다.

Step 16

신념의 힘을 최대화하라

Templeton Plan

노자는 《도덕경》에서 자기 내면에 있는 빛을 향해 나아가는 방법에 대해 어떤 서구 사상가보다도 감동적인 표현으로 서술했다. "마음속 깊숙한 데서 나오는 진실한 사랑을 느끼면 사람은 용기를 얻는다. 검약을 하면 남에게 베풀 줄 알게 되고, 세상보다 앞서려 하지 않는 자는 세상을 이끄는 지도자가 된다."

우리가 만나는 사람들의 행동을 잘 연구해보면 가장 행복해하며 일도 제일 잘하는 사람은 다름아니라 다른 사람이 잘 되는 것을 함께 기뻐하는 이들이라는 사실을 금방 알게 된다. 이들의 즐거움은 결코 가식이 아니다. 이들은 정말로 그렇게 하고 싶어 한다.

템플턴이 투자자문을 해주면서 깨달은 것은 성공한 사람들은 한결같이 남을 배려한다는 사실이었다. 이들은 다른 사람에게서 좋은 점을 찾으려고 한다. 그래서 이들은 다른 사람이 갖고 있는 가장 좋은 특장점을 재빨리 찾아낸다.

성공한 사람들은 다른 사람의 긍정적인 면을 부각시키는 데 주저하지 않는다. 좋은 점은 지적하고 부정적인 면은 마치 없는 것처럼 대한다. 이들이 따르는 이론이란 누구라도 그 사람의 강점을 부각시키고 약점을 배제시킨다면 그 약점은 더 이상 자라나지 않는다는 것이다. 이것이 바로 당신이 갖고 있는 신념의 힘을 행동으로 옮기는 방법이며 성공을 낳는 원동력이다.

당신과 경쟁관계에 있는 사람들을 특히 너그러운 마음으로 대해야 한다. 당신의 경쟁자에 대해 그 어떤 부정적인 얘기도 하지 않는다면 많은 친구들이 주변에 모여들 것이다. 존 템플턴이 사업에 뛰어들었던 젊은 시절 그는 귀중한 삶의 법칙 하나를 깨달았다. "좋은 말을 할 수 없다면 차라리 입을 다물라."

성공하는 사람들, 행복한 사람들은 어떤 상황에서든 자기 내면의 감정을 다른 사람들에게 심어주는 감정 이입을 하고자 애쓴다. 상대방의 마음과 가슴 속에 자신의 진심을 불어넣고, 자신이 한 말과 행동이 상대방에게 어떤 영향을 미쳤는지 느끼는 것이다. 그럼으로써 자연스럽게 긍정적인 논리와 결과만 가져다 주는 말을 할 수 있다. 이렇게 기도해보라. "하나님, 나에게 더 나아질 수 있는 부분은 더 나아지게 만들 수 있도록 용기를 주소서. 더 나아질 수 없는 부분이 있다면 이를 견딜 수 있도록 참을성을 주소서. 그리고 이 두 가지의 차이를 파악할 수 있는 지혜를 주소서."

감정 이입이란 누구나 실천할 수 있고, 스스로 완벽해질 수 있는 특장점이다. 조용히 명상하면서 예수님께서 남긴 말씀을 마음 속으로 암송해보면 도움이 될 것이다. "네 마음을 다하여, 네 영혼 을 다하여, 네 뜻을 다하여, 네 힘을 다하여 주 하나님을 사랑하 라……네 이웃을 네 몸과 같이 사랑하라."(마가복음 제12장 30-31절)

우리가 가진 지식이 얼마나 짧으며 신께서 주신 진리는 얼마나 깊은지 조용히 생각해보는 것도 중요하다. 신이 창조한 이 세상 은 우리 인간이 이제까지 관찰하고 이해한 것으로는 도저히 헤아 릴 수 없을 정도로 다양하고 신비하다. 존 템플턴이 말한 겸손이 란 우주만물의 무한함 앞에 서 있는 우리 인간의 한계를 깨닫는 것이다. 사실 우리가 이해하고 있는 것의 99.9%는 이 땅의 역사로 따지면 겨우 100만분의 1에 불과한 기간 동안 얻어진 것이고, 그 중에서도 절반은 또 100만분의 1에 불과한 기간의 1% 남짓한 시 기에 이해한 것이다. 그렇다면 우리가 아직 알지 못하고, 신비함으 로 가려져 있는 것들이 얼마나 많겠는가!

존 템플턴은 고등학교 재학시절 삶의 법칙에 대해 곰곰이 생각 하다가 마침내 평생 간직하게 된 결심을 하게 됐다. "출판하고 싶 지 않은 글은 절대 쓰지 않는다. 내가 말하고 쓰는 내용은 독자들 에게 영감을 불러일으키고 독자들의 수준을 높여주는 것이어야 하며, 결코 해를 끼치는 것이어서는 안 된다." 어린 나이였음에도 불구하고 템플턴은 행복한 삶과 성공적인 인생을 위한 신념의 중 요성을 이해하고 있었던 셈이다.

신념의 힘을 최대화하기 위해서는 마음속에서 시기심을 완전 히 털어내야 한다. 친구가 복권에 당첨되면 마치 우리가 당첨된 것처럼 함께 기뻐해야 한다. 그런다고 돈이 드는 것도 아니다. 복권에 당첨된 친구의 즐거움은 더욱 커질 것이다. 어떤 경우에도 다른 사람의 행운을 시기해서는 안 된다. 존 템플턴은 마태복음(제20장 1-16절)에 나오는 포도밭 일꾼들의 이야기를 자주 들려준다. 이 이야기는 인간이 가지고 있는 시기심이라는 원죄와 기독교에서 말하는 공정함을 아주 분명하고도 감동적으로 설명해주고 있기 때문이다.

템플턴이 들려주는 이야기를 들어보자. "천국에 사는 포도밭 주인 한 명이 어느 날 아침 일찍 포도밭에서 일할 일꾼들을 구했습니다. 이 주인은 일하겠다는 일꾼들에게 하루 품삯을 주기로 하고 포도밭으로 데려갔습니다. 세 시간이 지난 뒤 포도밭을 둘러보고 있는데, 포도밭 주위에 몇몇 사람이 아무 일도 하지 않고 서 있는 것이 눈에 띄었습니다. 주인은 말하기를 '포도밭에서 일하고 싶다면 당신들에게도 공정하게 품삯을 주겠다'고 했습니다. 그 말을 듣고는 이들도 포도밭에 일하러 갔습니다.

오후가 되어 이 주인이 또 밭으로 나가보니 여전히 빈둥거리는 사람들이 눈에 띄었고, 그는 이들에게도 똑같이 일하러 가라고 말했습니다. 해가 떨어지기 한 시간 전 다시 나가보니 또다시 어슬렁거리는 사람들이 눈에 띄었습니다.

그는 말하기를 '당신들은 왜 하루 종일 아무 일도 하지 않고 있는 거요?'라고 했습니다.

이들은 '아무도 우리를 써주지 않아서요'라고 대답했습니다.

그는 이들에게 말하기를 '그러면 내가 당신들을 쓸 테니 가서 일하시오'라고 했습니다.

저녁이 되자 포도밭 주인은 관리인에게 이렇게 말했습니다. '일꾼들에게 품삯을 나눠주되, 가장 나중에 온 사람부터 주도록 하라.'

그러자 해가 떨어지기 불과 한 시간 전에 포도밭에 와서 일하기 시작했던 일꾼이 가장 앞으로 나와 하루치 품삯을 받았고, 이 사람보다 앞서 온 일꾼이 그 다음에 받았습니다. 가장 먼저 포도밭에 와서, 가장 오랜 시간 동안 일한 일꾼들은 하루치 품삯보다 더 많은 일당을 줄 것으로 기대했습니다. 하지만 이들에게도 똑같이 하루치 품삯만 주어지자, 불쑥 포도밭 주인에게 화를 냈습니다. '저 사람들은 우리가 일한 것에 비해 절반도 하지 않았는데, 어떻게 당신은 저들에게도 똑같은 품삯을 줄 수 있습니까? 이건 정말 공평하지 않습니다. 우리는 뙤약볕 아래서 하루 종일 땀 흘리며 일했는데 말입니다.'

포도밭 주인이 대답했습니다. '나는 전혀 불공평하게 대하지 않았네. 처음에 일하러 올 때 하루치 품삯을 정하지 않았던가. 당신들도 그때 만족했었지. 당신들은 받기로 한 만큼을 받은 것이네. 나는 맨 마지막에 온 일꾼에게도 당신들과 똑같은 품삯을 주기로 했다네. 나의 뜻에 따라 내가 품삯을 주는 것이라네. 내가 다소 관대하다고 해서 왜 시기하는가?'

이 이야기가 들려주는 교훈은 무엇입니까? 그것은 포도밭에서 일한다면 진정으로 좋은 일꾼이 되어야지, 결코 남이 얻은 행운을 시기해서는 안 된다는 것입니다. 가령 당신의 고객이 대단한 성공을 거두었다고 합시다. 그러면 그와 함께 행복해 하고, 그가 이룬 성공에서 당신의 행복을 찾으십시오. 당신 회사에서 일하는 직원이나 거래처 사람이 상을 받았다면 마치 당신이 그 상을 받은 것처럼 자부심을 갖고 즐거워하십시오."

회의를 하거나 식사를 하거나 우리 생활에서 신념의 힘은 가히 혁명적인 것이다. 우리의 사고와 감정과 행동을 새롭게 하는 것이다. 신념의 힘은 배워야 하지만 땀 한 방울이라도 더 흘리면 그만큼 더욱 값진 보답이 주어진다.

존 템플턴은 결론적으로 이런 생각을 전한다. "당신이 주는 만큼 당신에게 되돌아옵니다. 다른 사람의 행운을 진정으로 기뻐하고 즐거워한다면 인생을 함께 할 친구를 얻게 될 것입니다. 사람들은 당신의 넓고 깊은 영혼을 칭송할 것입니다. 성공과 명예, 칭찬이란 다른 사람의 행운을 진심으로 기뻐하는 사람에게 돌아갑니다."

제16단계에서는 신념의 힘이 인생의 성공과 행복을 이루는 데 아주 중요한 요소라는 점을 배웠다. 다음 질문들에 답하면서 당신의 신념이 현재 어느 수준인지 점검해보라.

1. 다른 사람의 행운을 함께 기뻐하는가?
2. 누군가에 대해 말하면서 좋은 말이 생각나지 않을 때 입을 다무는가?

3. 대화를 시작하면 다른 사람의 감정에 호소하는가?

4. 비판적인 생각을 표현할 때는 조심하는가?

5. 마음속에서 시기심을 완전히 몰아내려는 노력을 하고 있는가?

6. 겸손한 자세로 일하고 있는가?

이들 질문에 모두 '네'라고 대답할 수 있다면 당신의 신념은 매우 강한 것이며, 행복한 삶과 성공적인 인생을 향한 당신의 길은 밝게 빛나고 있다고 할 수 있다.

기도를 통해 힘을 얻으라

Templeton Plan

존 템플턴은 그의 성공 비결을 묻는 질문에 가장 중요한 것은 기도였다고 답한다. 신에게 감사드림으로써 더욱 강한 힘을 얻을 수 있고, 이 힘으로 통찰력은 한층 깊어지고, 일의 결과도 한 차원 높아진다는 것이다.

　기도에 대한 템플턴의 이 같은 자세는 그가 신이라는 존재와 창조자로서의 신의 성격을 어떻게 생각하는지 알려준다. 신은 무한한 존재다. 이 땅 위에 존재하는 모든 것은 물론 그 범위를 벗어나는 모든 것이 다 신의 뜻에 따른 것이다. 우리 눈에 보이는 이 우주는 신이 창조한 극히 작은 일부분에 불과하지만, 그 자체로 신의 존재를 증명해준다. 여기서 증명한다manifest는 말은 인간이 그나마 이해할 수 있다는 의미라고 템플턴은 설명한다. 이 우주의 아주 작은 단면이나마 느끼고 볼 수 있는 중력, 파도, 별자리 등을 통해 우리는 신의 일부분을 알 수 있는 것이다.

템플턴은 우리 자신이 다름아닌 신이 최근에 창조한 존재 가운데 하나며, 신이 창조한 극히 작은 조각에 불과하다고 믿는다. 우리가 이 같은 사실을 깨닫고 우리 자신을 신과 하나가 될 수 있도록 노력한다면, 또 신의 뜻에 따라 움직이는 겸손한 도구이자 신의 뜻을 실천하는 진실한 매개체가 되고자 한다면 신과 함께 하지 않는 것보다는 훨씬 훌륭한 업적을 만들어낼 수 있을 것이다. 그리고 이렇게 이뤄낸 우리의 성과는 더 오래 지속될 것이다.

우리가 살아가면서 무슨 일을 하건—대학에 들어가거나, 결혼을 하거나, 주식 투자를 하거나, 연말정산을 하거나, 치과 치료를 받는 것을 모두 포함해서—기도를 하고서 일을 시작한다면 훨씬 더 잘할 수 있을 것이다. 기도를 통해 우리는 신이 주신 사랑과 지혜를 표현할 수 있다. 그래서 기도를 드릴 때는 우리의 말과 행동이 신의 뜻에 따를 것이며, 모두에게 좋은 결과를 가져오는 것이어야 하며, 결코 이기적인 목적만을 좇아서는 안 된다.

이렇게 기도한다면 모든 일이 성공적이 될 것이고, 삶은 기쁨으로 넘쳐날 것이다. 마음속에는 갈등이 사라지고, 동료들과 다툴 일이나 나중에 뼈저리게 후회할 일도 하지 않을 것이다. 그런 점에서 기도를 통해 신과 대화하고 신의 뜻을 받아들이고자 애쓴다면 더 나은 결정을 하게 될 것이다. 기도를 함으로써 신과 하나가 되고자 노력한다면 사업상의 일은 물론 살아가면서 행하는 모든 일이 잘 풀릴 것이다. 성공이 당신을 찾아오는 것이다.

템플턴은 가족관계에서, 비즈니스에서, 혹은 그가 관여했던 수

많은 자선사업에서 신의 뜻과 조화를 이뤄낼 수 있었던 개인적인 비결에 대해 그저 "당신의 뜻이 이루어지도록 해주십시오"라고 기도한 덕분이었다고 말한다. 이런 마음가짐으로 그는 모든 선입관을 버리고 신이 인도하는 길을 향해 자기 자신을 송두리째 던질 수 있었다.

그는 낮 시간 내내 기도하곤 한다. 특히 어려운 결정이 필요하거나 복잡한 문제에 부딪칠 때면 하루쯤 여유를 갖고서 그 일을 하기 전에 별도의 시간을 내서 기도를 하기도 한다.

매일 밤 잠자리에 들기 전 그는 말한다. "하나님, 저는 최선을 다했습니다. 이제 제가 내린 결정으로 저를 인도해주십시오." 그렇게 기도하고 잠든 다음날 아침, 자신이 전날 생각했던 것보다 더 좋은 해결책이 떠오른 경우가 한두 번이 아니다. 기도를 통해 스스로를 신의 뜻에 맡기고 정직하게, 또 최선을 다해 일하는 것이 바로 성공하는 사람의 모습이다.

템플턴은 함께 일하는 사람들에게 같이 기도하자고 권하는 것으로도 잘 알려져 있다. 공식적인 모임에서는 아무런 예고도 하지 않은 채 기도를 드리자고 하는 게 더 효과적이라고 생각한다. 어떤 때는 모임이 시작되기 한 시간 전에 참석자들에게 이렇게 말하곤 한다. "우리 다 함께 기도를 드리고 시작하는 게 어떻겠습니까?" 사람들은 전혀 준비가 돼 있지 않았지만 그렇다고 해서 그가 자기 위주라거나 신경에 거슬린다고는 생각하지 않는다.

이처럼 열성적으로 기도를 드리는 템플턴이지만 그가 투자를 막 시작했을 때는 그렇지 않았다. 템플턴이 투자자문가로서 보낸 기간은 크게 두 시기로 나눌 수 있다. 처음 20년(그는 이 시기를 '내 인생에서 가장 타락했던 시절'이라고 말한다)은 투자를 위한 모임을 가져도 전혀 기도를 하지 않았다. 하지만 그 뒤에는 어떤 모임이든 기도를 한 다음 시작하고, 기도를 하고 나서야 끝냈다. 템플턴 그로스 펀드가 최고의 수익률을 기록한 시기는 바로 그가 기도를 드리는 데 정성을 다했던 시기와 일치한다.

템플턴의 투자 결정 과정에서 기도가 별로 중요하지 않았다고 폄하하는 사람들도 있을 것이다. 템플턴이 그렇게 성의껏 기도를 드리기 이전부터, 또 자신의 사업상 모임에서조차 공개적으로 기도를 드리기 이전부터 그는 성공적인 투자 수익률을 기록했다고 말할지도 모른다. 심지어 그가 아예 기도를 드리지 않았다 하더라도 지금까지 이룬 성공적인 투자 업적을 달성했을 것이라고 주장할 수도 있다.

그러나 템플턴은 그렇지 않다고 말한다. 기도를 드림으로써 그의 정신은 맑아졌고, 깊이 있는 통찰력을 얻었으며, 이는 성공에 결정적인 역할을 했다고 확신한다. 기도의 힘이 있었기에 그는 자기 자신과 다른 사람들을 더욱 진실되게 바라볼 수 있었다. 기도를 드리지 않았다면 오늘과 같은 성공을 결코 이뤄낼 수 없었다고 그는 분명히 말한다.

그의 말을 들어보자. "성공하고자 한다면 매일 아침 가장 먼저 기도를 드리고 그날 하루를 시작해야 합니다. 자기 중심적인 그런 기도가 아니라 지혜와 이해를 구하는, 솔로몬과 같은 기도를 드려야 합니다. 기도를 마칠 때는 '주여, 제가 원하는 것이 아니라 당신의 뜻이 이루어지도록 해주십시오'라고 말하도록 노력하십시오. 하나님의 뜻은 우리가 원하는 것보다 훨씬 현명합니다.

당신이 받은 축복에 대해 진정으로 감사하고 있음을 기도하십시오. 건강하다면 이를 하나님께 감사 드리십시오. 당신의 자녀가 행복해 한다면 이를 감사 드리십시오. 당신이 갖지 못한 것을 원하는 대신 당신이 가진 것에 대해 감사 드리십시오.

매일 아침 당신이 받은 축복을 다섯 가지, 혹은 열 가지씩 떠올려보십시오. 그렇게 매일 실천한다면 당신의 하루는 훨씬 의미 있고, 건설적인 날이 될 것입니다.

당신에게는 이제 성공을 향한 길이 활짝 열릴 것입니다."

템플턴이 가장 좋아하는 기도문 가운데 하나는 로마서 제12장 9-18절에 나오는 것이다. 그는 이 구절만큼 성공과 행복에 대해 잘 설명한 대목을 찾을 수 없다고 말한다. "진실되게 사랑하라. 악을 미워하고, 하루빨리 선한 편에 속하라. 형제간의 우애로 서로를 사랑하라. 존경심을 갖고 서로를 대하라. 절대 약해지지 말고 영혼을 다하여 열심히 주님을 섬기라. 즐거운 마음으로 소망하고, 인내심을 갖고 고통을 참으며, 항상 기도에 힘쓰라. 다른 이들에게 필요한 것이 있으면 이를 공급해주고, 손님은 후하게 대접하라.

너희를 핍박하는 자들을 축복하라. 그들을 축복하고 저주하지 말라. 즐거워하는 사람들과 함께 즐거워하고, 눈물 흘리는 사람들과 함께 눈물 흘리라. 서로 조화를 이루며 살아가라. 교만하지 말고 겸손한 마음으로 어울리라. 절대 우쭐대지 말라. 누구에게도 악을 악으로 갚지 말고, 모든 이에게 고귀한 것이 무엇인지를 생각하라. 할 수만 있다면 너희가 관계하고 있는 모든 이들과 평화롭게 살아가라."

제17단계에서는 신은 무한한 존재며, 우리 눈에 보이는 우주는 신의 아주 작은 일부분이고, 우리는 이런 우주의 극히 작은 부분에 불과하다는 점을 배웠다. 우리가 어떤 일을 해냈든 그건 신의 뜻으로 이루어진 것이다. 우리가 겸손한 마음가짐을 갖고, 신이 우리를 가장 중요한 존재로서가 아니라 단지 가장 최근에 창조했다는 점을 깨닫는다면 균형 있는 인간으로서 행복하고 성공적인 삶을 향해 나아갈 수 있을 것이다.

기도를 통해 더욱 강한 힘을 얻기 위해 아래의 연습을 해보라.

1. 자주 기도하라.
2. 신께서 당신을 통해 그의 사랑과 지혜를 알릴 수 있도록 기도하라.
3. 신의 뜻과 조화를 이루게 해달라고 기도하라.
4. 당신의 말과 행동이 다른 모든 이들에게 도움이 되도록 기도하라.
5. 자기 자신을 신의 뜻에 맡기라.
6. 당신이 받은 모든 축복에 대해 진심으로 감사하라.
7. 오로지 "당신의 뜻이 이루어지도록 해주십시오"라고 기도하라.

삶이란 주는 것이다

Templeton Plan

존 템플턴은 30대 후반부터 소득 가운데 10% 이상을 교회와 자선 단체에 기부하는 십일조를 실천해왔다.(때로는 두 번의 십일조를 하기도 했다) 어머니가 돌아가시고, 첫 번째 부인과 사별한 즈음이었다. 그는 이 때부터 종교적인 영감과 더욱 깊이 교감하기 시작했다.

이후 템플턴상을 제정하는 등 다양한 종교 사업과 교육 사업에 더 많은 재산을 기부해왔다. 그가 죽은 다음에도 템플턴 재단과 템플턴상은 그가 신탁한 재산으로 영원히 고유의 사업을 할 수 있을 만큼 충분한 자산을 보유할 것이다.

큰 재산을 이런 식으로 기부하는 데 대해서는 여러 해석이 있을 수 있다. 어떤 이들은 "네가 더 많이 줄수록 너는 더 많이 받을 것이다"라는 성경의 가르침을 떠올릴 것이다. 이런 생각을 뒷받침하는 성경 구절을 몇 가지 소개해보겠다.

- 적게 심는 자는 적게 거둘 것이요, 많이 심는 자는 많이 거둘 것이다……신은 즐거이 주는 자를 사랑하신다.(고린도서 제9장 6-7장)

- 주라, 그러면 너희에게 주어질 것이다. 후하게 쳐서, 흔들어 넘치도록 하여 너희에게 안겨줄 것이다. 너희가 주는 양만큼 너희도 그렇게 받을 것이다.(누가복음 제6장 38절)

- 너희의 온전한 십일조를 창고에 들여 나의 집에 양식이 되게 하라. 그것으로 나를 시험하여 내가 너희를 위해 하늘의 문을 열어 너희에게 넘치는 축복을 내려주지 못하는지 보라.(말라기 제3장 10절)

템플턴이 성공하는 데 결정적인 열쇠였던 기도의 힘을 애써 평가절하하는 회의론자가 있듯이 그가 성공한 것과 기부금을 늘린 것에는 아무런 상관관계가 없다고 주장하는 사람도 있다. 하지만 템플턴은 기도를 통해 자연스럽게 기부금을 늘릴 수 있었다. 그는 말한다. "물질적인 성공이란 누군가에게 자신의 재산을 기꺼이 주고자 하는 사람에게 더 가까이 다가옵니다." 그는 위에서 인용한 성경 구절의 한 단어 한 단어와 그 속에 담긴 정신을 깊이 새기고 있고, 자신의 성공이 바로 이런 원칙에서 나온 힘의 덕분이었다고 믿는다. 그의 믿음에는 힌두교의 말씀도 있다. "주는 사람은 모든 것을 가진 사람이다. 주지 못하고 집착하는 사람은 아무것도 갖지 못한 사람이다."

템플턴은 그의 돈을 투자 수익률이 높은 기업에 투자했을 뿐만 아니라 종교적인 연구 사업에도 투자했다. 종교적인 연구 사업이라는 말은 다소 생소하게 들리지만 존 템플턴은 이렇게 정의한다. 종교를 이해하기 위해 과학적 탐구의 방법을 빌려와 종교를 연구하는 것이라고 말이다. 알기 쉽게 설명하기 위해 종교적 연구가 가능한 몇 가지 분야를 소개하겠다.

- 성직자의 수명이 긴 현상 : 세계적으로 가장 오래된 보험회사 가운데 하나인 장로교 성직자펀드의 200년 이상에 걸친 기록에 따르면 기독교 성직자는 다른 사람들보다 평균 10년 이상 더 오래 살았다. 왜 그럴까? 성직자와 신학자, 심리학자, 의사들이 팀을 이루어 연구해본다면 이런 현상에서 매우 의미 있는 사실을 발견할 수 있을 것이다.

- 기적 같은 치유 : 여러 종파들마다 신성한 치료의 사례들을 수없이 갖고 있다. 하지만 이런 사례들에 대해 의사나 역사가, 사회학자들이 과학적으로 연구하지는 않았다. 이런 연구가 진행된다면 기적 같은 치유가 어떻게, 왜, 언제, 어떤 사람에게 일어나는지 밝혀낼 수 있을 것이다.

- 병에서 회복하는 문제 : 똑같은 수술을 받은 환자라 해도 완쾌되는 비율은 사람에 따라 최고 300%나 차이가 난다는 점은 일부 의사들도 인정하는 사실이다. 생물학적, 해부학적, 유전학적, 심리학적 원인 규명과 함께 환자가 갖고 있는 종교적인 태도를 연구해본다면 정신적인 신념과 신체적인 회복 사이의 상관관계를 찾아낼 수 있을 것이다.

- 환희를 느끼는 데 대한 의문 : 다른 사람들은 전혀 느끼지 못하는데 왜 어떤 사람은 기대하지도 않았던 강렬한 환희를 경험하는가에 대한 의문을 풀기 위해 최근 여러 심리학자들이 연구를 진행했다. 이런 연구에 신학적인 뒷받침이 더해진다면 어떤 정신적인 요소들이 이 같은 환희의 경험을 만들어내는지 찾아낼 수 있을 것이다. 신을 진심으로 믿는 사람들은 일반적으로 무신론자보다 더 많은 환희의 감정을 느끼는가? 신을 믿는 사람과 무신론자 가운데 어떤 사람이 더 자신에 대해 행복하다고 생각할까?

- 정신적인 건강 : 성령 강림의 경험을 통해 기독교도가 된 사람들은 그 이전보다 정신적인 건강이 더 좋아졌을까? 과학적인 연구를 통해 이런 사람들이 성령 강림의 경험을 하기 이전과 그 후에 정신과 치료를 얼마나 자주 받았는지 살펴볼 수 있을 것이다.

- 종교적 믿음과 정신병 : 신학자들과 정신과 의사들이 팀을 이뤄 정신과 치료를 받고 있는 환자들을 연구해보면 소위 미쳤거나 강박증에 사로잡힌 사람들이 과거 종교적으로 어떤 믿음을 가졌는지 알아낼 수 있을지도 모른다. 의사와 목사, 과학자들 가운데 정신병 치료를 받은 비율이 각각 얼마나 되는지 비교해 볼 수도 있지 않을까?

- 문제 청소년의 환경 : 청소년 범죄자의 가정은 과연 신앙이 깊은 집안일까, 아니면 그저 그렇거나 아예 신앙이 없는 집안일까? 성직자들과 신학자들은 이런 연구를 해봐야 한다. 범죄

를 저지른 젊은이를 대상으로 조사해보면 이들이 신앙을 가졌는지, 혹은 교회나 절, 이슬람 사원을 정기적으로 찾는 부모로부터 가르침을 받았는지 정확한 수치를 알아낼 수 있을 것이다.

여기 소개한 사례들은 연구기관이나 학계, 종교단체 등에서 진행해 볼 만한 종교적인 연구 과제들 중 아주 작은 부분일 뿐이다.

템플턴은 이런 연구에 재정적인 지원을 함으로써 투자 활동을 통해 벌어들인 수익금의 진정한 의미를 찾는다. 이런 즐거움과 성취감은 그로 하여금 더욱 열심히 일하게 하고 더 많은 돈을 벌 수 있도록 하는 창조적인 자극제가 된다. 그래야만 더 많은 돈이 더욱 가치 있는 곳에 쓰여질 수 있기 때문이다.

긍정적인 생각은 긍정적인 자세를 낳는다. 주면 줄수록 더 크게 줄 수 있게 되고, 그것이 삶의 한 방식이 된다. 템플턴은 기부하고 또 받는다. 이렇게 기부하고 받는 것은 점점 더 커진다. 이처럼 끊임없이 긍정적인 방식으로 스스로를 더욱 키워가는 것이다. 이런 과정을 통해 템플턴 자신의 감사하는 마음과 정신적인 성취감 역시 함께 성장해가는 것이다.

감사하는 마음은 주는 사람에게 힘을 준다. 감사하는 사람뿐만 아니라 그런 감사의 마음을 전해들은 사람에게도 힘을 준다. 추수감사절은 그런 의미에서 아주 중요한 날이지만 미국과 캐나다, 브라질 등 지구상에서 불과 여섯 나라에서만 휴일로 정해 경축하고 있다. 템플턴 부부는 지난 25년 동안 매년 친구들에게 감사의 메시지와 함께 가족 사진을 보내왔다.

템플턴은 이렇게 적고 있다. "감사하는 마음은 우리 영혼이 성장할 수 있는 문을 열어줍니다." 감사하는 마음으로 충만한 사람은 주는 사람이고, 성공한 사람 역시 기꺼이 기부하는 사람이다.

템플턴의 말을 들어보자. "우리 각자는 감사하는 마음을 길러야 합니다. 매일 당신과 함께 일하는 사람들을 칭찬해줄 수 있는 기회를 찾아보십시오. 그들이 애쓰고 있는 데 대해 고마운 마음을 전하십시오. 그들은 더 열심히 일할 것이고, 당신이 고마워한다는 사실을 알게 될 것입니다.

이 세상 사람의 90%가 축복을 받고 있으며, 불과 10%만이 문제와 갈등에 휩싸여 있다는 사실에 감사하십시오. 훌륭한 의사이자 작가였던 루이스 토머스는 우리의 몸은 대부분 건강한 상태며, 아프다 해도 극히 작은 부분만 병들었다는 점을 잊지 말아야 한다고 말했습니다. 살아있다는 것 자체가 나쁜 것이 아니라 좋은 것이며, 거짓이 아니라 진실된 것이며, 슬픔이 아니라 즐거움을 주는 것입니다.

우리가 가진 모든 것에 진심으로 감사해야 합니다. 그리고 감사한 마음을 가졌다면 주어야 합니다."

주는 것은 인간이 성장해 나가고 진정으로 성공할 수 있는 한 방식이라는 게 템플턴의 신념이다.

존 템플턴은 그의 친구이며 댈러스 시내 중심가에 아름다운 삼각형 모양의 추수감사절 광장을 만든 피터 스튜어트에 대해 마치 자신이 추수감사절에 대해 느끼는 감정만큼이나 각별하게 생각한다. 이 광장에는 나선형으로 치솟아 올라가는 탑이 하나 서 있는데, 이 나선의 안쪽에는 미국에서 처음으로 휴일로 정한 뒤 해마다 치러진 추수감사절을 표현한 그림과 글귀들이 기록돼 있다. 이 추수감사절 광장 주변의 사무실에서 근무하는 사람들은 평일에도 이 광장에 가서 기도를 드리곤 한다.

존 템플턴은 준다는 것이 어떤 의미에서는 인간으로서 얼마나 성숙했는가를 나타내는 지표가 될 수 있다고 말한다. 진정으로 성숙한 사람은 준다. 성숙하지 못한 사람은 주지 못한다. 그는 우리 삶의 모든 분야에서 주는 것을 실천할 수 있음을 느끼고 있다. 의미 있는 조언, 깊이 생각한 충고를 해주라. 감사하다는 마음을 전하라. 관심을 주라. 상을 주고, 칭찬을 해주라. 당신이 외롭다고 느껴지면 주라. 따분하다고 느껴져도 주라. 자원봉사 일을 해보라. 기부금을 모으는 일에 동참해보라.

다른 사람으로 하여금 기부자가 되도록 도움을 주는 것만큼 당신이 그에게 줄 수 있는 큰 선물은 없다. 템플턴은 어린 시절 케이크를 먹을 때면 항상 더 큰 조각을 다른 사람에게 주어야 한다고 배웠다. 기도회에서도 그는 특별히 앞으로 나와주도록 요구 받지 않는 한 자신은 늘 뒷자리에 앉아야 한다고 생각한다. 누구든 가장 앞 자리에 서고자 하는 사람은 먼저 모든 이들에게 봉사해야 한다고 성경에서는 가르친다.

미국인들이 매년 교회와 자선단체에 700억 달러 이상의 돈을 기부하고 있다는 사실은 우리의 영혼이 그만큼 나아졌다는 것을 말해준다. 이 같은 금액은 이전 세기에 전세계를 통틀어 기부한

금액의 수십 배가 넘는다.

존 템플턴 부부는 1973년 템플턴상을 제정했을 때 비로소 "너희는 하나님께서 주신 것 이상을 줄 수 없다"는 말의 의미를 깨달을 수 있었다. 템플턴상은 그들로 하여금 이 세상의 모든 신앙에서 발견되는 새로운 사상과 신비한 방식들을 접할 수 있게 해주었다. 그들은 전세계적으로 신앙이라는 힘에 의해 이뤄지는 위대한 일들을 찾아 나섰고 연구했다. 그 덕분에 누구보다 템플턴상이 주는 교훈을 더 많이 배울 수 있었다.

이렇게 말하면 적당할 것이다. "우리가 당신께 드리지만 그것은 원래 당신이 가지고 계신 것이었습니다. 우리가 가진 모든 것은 결국 당신이 우리에게 신탁하신 것이기 때문입니다."

주는 사람에 대해 잘 표현한 아래의 인용구들은 존 템플턴이 참 좋아하는 말들이다. 하나하나가 성공을 향한 초석이 되어줄 것임에 틀림없다.

미국 시인 에드윈 알링턴 로빈슨은 이런 시 구절을 남겼다. "감사의 마음에는 두 종류가 있다. 우리가 받은 것에 대해 느끼는 뜻밖의 고마운 마음, 하지만 우리가 준 것에 대해 느끼는 마음은 이보다 훨씬 크다."

기업인으로 성공한 R. A. 헤이워드는 자신의 믿음을 이렇게 표현했다. "모든 행동에는 그에 따르는 똑같은 반작용이 있다. 당신이 많은 것을 받고자 한다면 우선 많은 것을 주어야 한다. 누구라도 자신이 줄 수 있는 사람에게, 자신이 줄 수 있는 곳에서, 어떤 방식으로든 기꺼이 주고자 한다면 먼 훗날 자신이 준 만큼 보상을 받을 것이다."

종교지도자이자 여러 권의 베스트셀러를 남긴 헨리 에머슨 포스딕는 이렇게 말했다. "'너희들 가운데 가장 위대한 자는 바로 너희들을 위해 애쓰는 사람일 것이다.' 예수가 남긴 이 말씀은 내가 이 세상에서 가장 감동적이라고 여기는 구절이다. 위대하다고 생각되는 사람들은 너무나 많지만 한 세기가 지나도 기억되는 사람은 모두를 위해 노력한 이들뿐이다. 베들레헴에서 태어난 신비할 정도로 현실적인 이 인물은 그 사실을 알았던 것이다."

작가인 알버트 파인의 신념은 이렇다. "우리 자신만을 위해 한 것들은 우리가 죽으면 함께 사라진다. 하지만 다른 사람을 위해, 이 세상을 위해 한 것들은 우리가 죽은 뒤에도 남아 영원히 지속된다."

목사이자 대학총장을 지냈던 폴 D. 무디는 말했다. "한 인간의 위대함은 그를 위해 일하는 사람이 얼마나 많은가가 아니라 그가 얼마나 많은 사람들을 위해 일하느냐에 달려있다."

앤드류 코디어는 컬럼비아대 국제관계대학원 학장을 맡고 있던 시절 이런 말을 남겼다. "우리가 개인적으로나 집단적으로나 이 세상의 문제가 아니라 답의 일부라는 말을 할 수 있도록 우리들 각자가 노력해 나가는 것이 인생 목표가 되어야 한다."

캘빈 쿨리지는 주는 것에 대해 이런 금언을 떠올렸다. "누구도 그가 받은 것으로는 존경 받지 못한다. 존경이란 그가 준 것에 대한 보상이다."

연극에 나오는 폴 번얀의 말을 들어보자. "저기 한 사람이 있지요, 사람들은 그를 이상하다고 말해요. 그 사람은 많이 주면 줄수록 더 많이 받거든요."

마지막으로 목사이자 작가였던 J. 리처드 스니드의 말을 인용한다. "누구든 '주고자 하는 마음가짐'에 따라 행동하면 자신이 원했던 것을 얻게 된다. 다른 사람을 위해 애쓰는 고귀한 마음을 가지면 근로자들은 사기가 넘쳐나고, 경영자들은 고객을 더 생각하게 되고, 나라는 번창하게 된다. 무슨 일을 하든 다른 사람을 위해서가 아니라 자기 자신만을 위한다면 우리는 결코 그 일을 완수할 수 없다는 사실은 너무나도 분명한 우리 삶의 진실이다."

성공을 향해 달려가고픈 이들에게 존 템플턴이 던지는 충고는 주라는 것이다. 그것도 진심으로 말이다. 주는 사람에게는 모든 것이 되돌아온다.

제18단계를 다 읽었다면 자신에게 질문을 던져보라.

1. 매년 자선단체에 돈을 기부하는가?
2. 교회나 종교단체에 정기적으로 기부하는가?
3. 주는 것이 없는 삶은 의미 없는 것이라고 믿고 있는가?
4. 나의 능력과 지식, 물질적 성공과 같이 나에게 주어진 것은 어떤 형태로든 다른 사람에게 도움을 줌으로써 이 세상에 되돌려주어야 한다는 것이 나의 철학인가?

이들 질문에 모두 그렇다고 답한다면 당신은 이미 주는 사람이며, 당신의 삶은 넉넉하다고 할 수 있다. 물질적인 성공은 당신의 영혼이 성장하는 것과 매우 밀접한 관계가 있다는 점을 명심하라. 주는 것을 두려워하지 말라. 다른 사람에게 잘 해주면 그것이 곧 당신 자신에게 잘 해주는 것이다.

Step 19

겸손한 자세로 이기라

Templeton Plan

자신을 낮추고 상대를 존중하는 마음가짐은 성공을 향해 달려가는 사람에게 꼭 필요하다. 존 템플턴은 알버트 아인슈타인의 말로 설명한다. "우리가 경험할 수 있는 가장 놀라운 현상은 신비로움이다. 신비로움은 모든 예술과 과학의 출발점이다. 이런 감정을 별로 느껴보지 않은 채 놀라움을 그냥 지나치고 경외하는 마음조차 가져보지 않은 사람은 죽은 사람이나 마찬가지다. 눈을 감은 채 살아가는 사람이다."

템플턴은 종교와 과학에 관한 그의 저서 《겸손한 자세The Humble Approach》에서 이렇게 적고 있다.

"우리는 지금 미래에 대한 새로운 지식을 쌓아가고 있습니다. 그러나 지난 수 세기 동안 과학적 발전을 통해 대단한 정보더미를 얻어냈다 하더라도 우리가 내다볼 수 있는 미래는 찰나의 순간에 불과합니다. 더 분명히 말하자면 미래는 미답의 광대한 대지처럼 우리 앞에 다가옵니다. 영겁의 세월에 걸친 진보와 발전을 통해 이 우주를 창조하시고 오늘에 이르게 하신 신께서는 우리 세대를 결코 창조의 마지막 단계로 자리매김하지 않으셨습니다. 우리는 새로운 시작일뿐입니다. 우리는 미래를 향해 지금 여기 서 있는 것입니다.

우리의 역할은 매우 중요합니다. 우리 인간은 마음과 정신을 부여 받았습니다. 우리는 생각할 수 있고, 상상할 수 있고, 꿈꿀 수 있습니다. 우리는 무한히 펼쳐나갈 수 있는 사고의 힘을 통해 미래의 흐름을 찾아낼 수 있습니다. 신께서는 우리에게 그가 하시는 창조의 일을 우리가 함께 할 수 있도록 허락하셨습니다.

과학자들은 이 우주의 개념과 자연의 법칙을 끊임없이 바꿔나가고 있습니다. 하지만 이런 진보는 늘 그 안에 있는 인간 중심적이며 자기 지향적인 개념에서 벗어나버립니다. 우리 눈에 보이는 것은 단지 보이지 않는 거대한 실체의 극히 작은 한 단면에 불과하다는 사실은 여러 증거에 의해 입증되고 있습니다. 우리 인간의 관찰 능력에는 분명히 한계가 있으며, 지각 능력은 더욱 그렇습니다. 그런데도 우리가 보이지 않는 것을 무시하고 눈앞에 아른거리는 모습에만 사로잡혀 살아가야 하겠습니까? 겸손함과 믿음을 가지고 무한하고, 전지전능하고, 영원한 존재인 창조주를 향해 무릎 꿇어야 하지 않겠습니까?"

템플턴은 이 책 《겸손한 자세》에서 우리의 정신적인 발전을 연구하고 더욱 공고히 할 수 있는 노력이 필요하다고 주문하고 있다.

이런 노력은 과학 분야에서의 연구와 마찬가지로 중요하게 다뤄져야 한다고 그는 말한다.

하지만 정신적인 발전과 보이지 않는 신의 세계에 대한 인식이 어떻게 인간의 삶에 도움을 줄 수 있을까? 존 템플턴은 그의 손으로 탁자를 가리키며 이렇게 답한다. "금세기 이전까지 사람들은 이 탁자가 바로 실체라고 생각했습니다. 하지만 현대 자연과학에서는 이 탁자의 99%는 사실 아무것도 아니라고 말합니다. 우리 눈에 실체로 보이는 것은 단지 원자 구조일 뿐이며, 끊임없이 변화하며 움직입니다. 우리가 실체라고 인식하는 것은 사실 외양에 불과할 뿐입니다.

유일한 실체는 창조주입니다. 그와 그가 만든 것만이 영원합니다. 이렇게 표현해보겠습니다. 보이지 않는 것이 실체라고 말입니다. 우리가 보는 것은 일시적인 것, 환영幻影일 뿐입니다."

성공하기 위해서는 우리 각자의 영혼을 창조주와 같이 만들어야 한다. 다른 사람들에게 감사해야만 한다는 말이다. 일을 하든, 집에 있든, 친구와 함께 있든, 어떤 상황에서든 우리는 믿음을 주고자 노력해야 한다. 우리의 영혼도 겸손해야 한다.

보이지 않는 것들, 우리 모두의 마음속에 잠재돼 있는 이 아름다움이야말로 우리를 살아 숨쉬게 만들어주는 것이다. 우리가 살아있음을 믿지 못하면 결코 성공할 수 없다. 우리가 살아있다면, 진실되며 하나밖에 없는 실체는 바로 신이라는 사실을 이해하게 될 것이다. 우리의 영혼이 이 정도로 성숙하고 도덕적으로 발전했다면 우리는 늘 생산적이고 유용한 존재가 될 것이다. 우리는 더 앞으로 나아갈 것이다. 다른 사람의 행운을 바라보며 말할 수 없는 즐거움을 느낄 것이다. 이 세상에 뭔가 도움이 되면서도 쉽게 사라지지 않는 일을 하고자 하는 바람이 뇌리에 항상 남아있을 것이다. 그렇게 함으로써 우리는 한 걸음 더 성공에 가까워지고, 행복한 사람이 될 수 있을 것이다.

《겸손한 자세》에서 다시 한번 인용하겠다.

"자신을 낮추면 세상을 살아가는 우리의 목적이 그 누구도 상상할 수 없을 만큼 깊어진다는 사실을 알게 됩니다. 신의 자손으로서 우리는 신의 뜻을 찾기 위해 부단히 노력하고, 신의 뜻에 복종해야 합니다. 하지만 신의 한없는 마음을 자신이 다 파악했다고 생각하는 자만심을 가져서는 안 됩니다.

우리 인간이 갖고 있는 신에 대한 생각은 너무나 작습니다. 스스로를 낮춤으로써 비로소 진실되며 무한한 신의 영역에 들어설 수 있습니다. 이것이 겸손한 자세입니다. 낮은 데로 임하는 자세는 어느 시대건 필요합니다. 과연 이런 마음가짐을 가질 준비가 돼 있습니까? 겸손한 자세는 진정으로 신의 뜻을 지향하는 것이며, 우리의 작은 이익을 위한 것이 아닙니다."

그러나 겸손한 마음과 신의 전지전능함에 대한 경외심을 실제로 어떻게 실천할 것인가? 존 템플턴은 얼마든지 실천할 수 있다고 믿는다. 인내의 경우도 그 중 하나다. 모든 일에는 인내심이 필요하기 때문이다. 그의 이 같은 믿음은 뮤추얼펀드 사업을 하면서 누구보다 뛰어난 혜안을 갖게 해주었고, 최고의 성공을 가져다 주었다.

다른 사람들이 주식을 고르는 방식을 당신도 똑같이 적용한다면, 다른 사람들이 사는 주식을 그대로 사게 될 것이고 수익률도 그들과 마찬가지가 될 것이다. 하지만 템플턴은 더 멀리 보려고 애썼다. 깊은 인내와 자신에 대한 믿음에서 나온 장기적인 안목이었다. 그는 다른 사람들이 아직 생각하지 못한 것을 사려고 애썼다. 그러고 나서는 기다렸다. 마침내 단기적인 전망이 좋아지고, 다른 사람들도 비로소 매수하기 시작해 주가가 오를 때까지 말이다.

여기서 분명히 밝혀두어야 할 점은 템플턴은 단순히 직원들에게 주식에 관한 조사 업무를 일임한 채 수수방관하지 않는다는 사실이다. 그는 그렇게 할 수 있다. 하지만 그는 누구보다 열심히 일하며, 누구보다 훌륭한 결과물을 얻는다. 물론 이렇게 말하는 게 더 정확할 지 모른다. 그는 성공한 덕분에 자기가 확실하다고 생각하는 방식으로 전력을 집중할 수 있었다고 말이다. 그의 회사에는 최적의 포트폴리오를 구성하기 위해 최선을 다하는 뛰어난 직원들이 많이 있다. 그러나 그는 개인적으로 힘든 조사 업무를 스스로 한다. 그래야만 주가가 올라 어떤 결정이 필요하다고 생각될 때 직원들에게 적절한 조언을 해줄 수 있기 때문이다.

존 템플턴은 자신이 일을 좋아하고, 가족과 친구, 삶 그 자체를 사랑하는 것이 모두 신에 대한 사랑에서 나온다는 사실을 잘 알고 있다. 성경에서 그가 가장 좋아하는 구절 가운데 하나인 요한일서 제4장 7-12절을 들어보자.

"사랑하는 자들이여, 우리 서로 사랑하자. 사랑은 하나님에게서 온 것이니 사랑하는 자는 하나님에게서 태어나 하나님을 알 것이다. 사랑하지 않는 자는 하나님을 모를 것이다. 하나님이 곧 사랑이기 때문이다. 하나님의 사랑은 우리에게 이처럼 분명히 나타나셨으니, 하나님은 자신의 유일한 아들을 이 땅에 보내 그를 통해 살아가도록 하셨다. 이것이 바로 사랑으로, 우리가 하나님을 사랑한 것이 아니라 하나님이 우리를 사랑하셔서 우리의 죄를 씻어내도록 자신의 아들을 보내신 것이다. 사랑하는 자들이여, 하나님이 우리를 이토록 사랑하시는데 우리도 서로를 사랑해야 할 것이다. 누구도 하나님을 본 적은 없으나, 우리가 서로를 사랑한다면 하나님은 우리와 함께하고 하나님의 사랑이 우리 안에서 완성될 것이다."

당신이 겸손한 자세를 잃지 않고, 신과 인간에 대한 사랑을 늘 간직한다면 성공을 향한 가장 중요한 징검다리 가운데 하나를 건너게 될 것이다. 자신을 낮추면 승자가 된다.

제18단계에서는 주는 것을 통해 자기 자신을 낮추는 것의 의미를 배웠다. 이제 제19단계에서는 신이 창조한 보이지 않는 우주와 우리의 관계를 살펴봄으로써 자신을 낮추는 것에 대해 더 많은 것을 알게 됐다.

제20단계로 넘어가기에 앞서 우리의 정신을 가다듬기 위해 다음 몇 가지를 실천해보자.

1. 당신이 만나는 모든 사람들에게서 긍정적인 면을 찾아내고

자 애써보라.

2. 당신의 모든 행동에서 겸손하도록 노력해보라.

3. 아무리 어려운 상황에서도 침착하게 인내심을 갖고 대처하도록 애써보라.

4. 다른 사람들의 행운에 대해 정말 즐거운 마음을 느껴보라.

5. 이 세상에서 진정한 실체는 오로지 창조주라는 점을 명심하라. 이 땅 위에서 영원한 것은 창조주와 그가 창조한 것뿐이다.

의지를 갖고 이렇게 실천하면 하루하루 진정으로 행복하고 성공한 사람이 되어가는 자기 자신을 발견할 수 있을 것이다.

새로운 미개척 분야를 발견하라

Templeton Plan

미개척 분야frontier에 대한 수많은 사전적 정의 가운데 존 템플턴이 생각하는 의미를 가장 분명하게 설명한 것은 다음 두 가지다. 하나는 "어떤 특별한 주제와 관련한 지식이나 업적이 아직 다다르지 못한 한계", 또 하나는 "일련의 탐구와 개발이 요구되는 새로운 분야"라는 설명이다. 두 가지 모두 위험을 정확하게 계산하고 난 다음 도전적인 자세로 난관에 맞서고자 하는 템플턴의 의지를 잘 나타내준다.

존 템플턴은 어려서부터 무슨 일이든 기꺼이 경험하고자 하는 자세를 가졌다. 그가 자란 시골마을에서 대학 입학시험을 본 것은 그가 처음이었지만 당당히 예일대에 입학했다. 대학을 졸업하고 나서는 로즈 장학생으로 영국에 유학을 갔다. 변화의 물결에 휩쓸려 테네시 주의 작은 마을에서 자란 소년이 비로소 고향을 벗어날 수 있었다고 생각할 수도 있겠지만 사실은 정반대였다. 그 스스로 도전을 찾아 나섰던 것이다.

그는 학창시절 라이더라이징Ryderising이라는 연수 프로그램에 도전했는데, 이 제도는 프랜시스 라이더 여사가 미국 학생들에게 영국의 모범적인 가정을 경험해볼 수 있도록 고안한 일종의 여행 프로그램이었다. 당시 많은 학생들은 낯선 곳에 대한 경계심이나 사회적 편견에 사로잡혀 이 프로그램에 지원하지 않았다. 그러나 템플턴은 서슴없이 응시했고, 짧은 시간 동안 아주 색다르면서도 의미 있는 여러 가정을 두루 체험할 수 있었다.

새로운 경험을 기꺼이 찾아가는 이런 마음가짐은 세상을 더 많이 가르쳐 주었고, 그가 성공하는 데도 많은 도움이 됐다. 존 템플턴은 무의식적으로 감지하고 있었지만, 그가 접한 수많은 사람들과 그가 겪은 숱한 경험들은 그에게 무엇과도 바꿀 수 없는 소중한 자산이 되었다는 사실을 이해하는 게 중요하다. 제아무리 두려운 상황에 부딪쳐도 있는 힘껏 스스로를 던져 이를 극복하고 새로운 경험과 새로운 사람과의 만남을 시도한 덕분이다.

그는 생소한 미개척 분야를 무서워하지 않는다. 오히려 환영한다. 그것이 자기 고향에서는 첫 예일대 입학이었든, 로즈 장학생으로 영국에 유학하는 것이었든, 불과 수백 달러만 갖고 세계 이곳 저곳을 돌아다니는 것이었든, 혹은 뮤추얼펀드 투자 같이 그 이전에는 거의 존재하지도 않았던 분야에 뛰어들기로 결정한 것이었든, 존 템플턴은 늘 자신이 발견할 새로운 미개척 분야가 있을 것이라는 확신이 있었다.

성공하려면 우선 자기 자신을 믿어야 한다. 미개척 분야는 바로 자기 자신 안에 있기 때문이다. 누가복음 제17장 21절에서 예수는 우리에게 이렇게 가르치고 있다. "하나님의 나라는 눈에 보이는 모습으로 찾아오지 않는다……하나님의 나라는 너희 안에 있다." 우리가 찾아야 할 진정한 미개척 분야는 바로 이것이다. 우리 자신의 내면과 스스로에게 부여된 신성함이다. 우리 자신의 신성함을 잊고 이를 포기한다면 신으로부터 일탈하려는 나쁜 감정을 갖게 된다. 우리가 신과 하나임을 기억하면 자연히 모두가 신과 하나며 우리와 함께 한다는 사실을 깨닫게 될 것이다.

템플턴은 자동차에 쓰이는 자동점화 시스템을 발명한 과학자 찰스 F. 케터링의 말을 항상 가슴 속에 새겨두고 있다. "열린 마음과 부지런한 손만 있다면 어디서든 미개척 분야를 발견할 것이다."

영국 소설가 토비아스 스모렛이 남긴 구절도 기억할 만하다. "용기를 갖고 감히 도전하는 자는 실패할 위험도 감수해야 한다."

프랑스의 작가이자 비행사였던 생텍쥐페리는 이런 말을 남겼다. "누군가 단 한 사람만이라도 큰 바위덩이를 바라보면서 마음속으로 대성당을 그리며 주춧돌로 쓰겠다고 생각한다면 그 순간부터 그 큰 바위덩이는 더 이상 단순한 돌덩이가 아니다."

제26대 미국 대통령을 지낸 시어도어 루즈벨트의 말은 특별하다. "위험을 무릅쓰지 않고서 인생의 큰 영예를 차지하기란 불가능하다. 무엇보다도 자랑스러운 것은 우리 가정에서 찾을 수 있다. 어떤 부모도 슬픔과 근심으로부터 도망치려 하지 않는다. 결국에는 지나가 버리지만 사랑하는 이에게 죽음이 임박한 끔찍한 순간이 닥쳐오기도 한다. 인생은 위대한 모험이다. 두려움 가운데서도 최악의 두려움은 바로 삶에 대한 두려움이다. 여러 종류의 성공이 있고, 큰 업적에도 여러 가지가 있다. 그러나 어떤 형태로든, 어떤 방법으로든 올바른 목표를 갖고서, 사람들 모두에게 마음을 열고 다가가지 않는다면 진정으로 성공했다고 할 수 없다. 만나는 사람 모두를 친구처럼, 가족처럼 대하는 그런 사람이 돼야 하는 것이다. 이런 사람이야말로 오로지 일하고 노력하고 스스로를 희생한 대가로 행복을 얻고자 애쓰는 용기를 갖고 있는 사람이다. 일하며 쏟는 땀방울과 의무감에서 인생의 즐거움이 샘솟는 사람이다."

로즈 장학생 과정을 마치고 인도와 중국, 일본 그리고 중동 지역 여러 나라를 여행한 뒤 미국으로 돌아왔을 때 템플턴은 어떤 도전과 위험이든 기꺼이 받아들일 수 있을 만큼 아주 현명한 청년이 돼 있었다. 그는 또 저마다 다른 삶에 대한 다양한 입장과 라이프 스타일에 대해서도 많은 것을 배웠다.

그는 특히 어떤 일에 도전할 것인지에 대해서도 마음의 준비가 돼 있었다. 그가 뉴욕에 왔을 때 두 직장에서 일자리 제의가 있었는데 기꺼이 연봉이 적은 쪽을 선택했다. 다시 한번 모험을 하기로 했고, 미개척 분야로 뛰어들었다. 그는 당시 투자자문 부서를 새로 만든 지 3개월밖에 안 된 증권회사인 페너 앤 빈에서 일하는 게 더 많은 것을 배울 수 있고, 더 빨리 배울 수 있는 기회라고 생각했다.

2년 후 그는 자신의 투자에서 감수해야 할 위험을 최소화할 수 있는 방법을 충분히 고려한 다음 잘 알려진 주문을 직접 내게 된다. 증권거래소에 상장돼 있는 주식 가운데 1달러 미만으로 거래되는 모든 종목을 100달러어치씩 매수하는 것이었다. 그는 이 주문을 위해 지난 2년 동안 1달러 미만으로 거래되는 주식의 수익률을 철저히 조사했고, 만에 하나 자신의 이론이 틀렸을 경우 빌린 돈 1만 달러를 갚을 수 있는 충분한 자산을 마련해두었다.

성공을 향해 질주하는 사람들은 위험을 미리 계산하고, 아무런 두려움 없이 이를 받아들인다. 미답의 영역으로 진격하기 위해 조심스럽게 준비하는 것이다.

위험을 감수하고 도전을 받아들이는 능력은 종교적 믿음이 깊은 사람들에게서 특히 돋보인다. 믿음이란 "존경하고 경외하는" 마음을 지녔음을 의미한다. 회의론자들이 흔히 말하는 맹목적인 믿음과는 정반대인 것이다.

희망과 마찬가지로 믿음 역시 신뢰를 바탕으로 한다. 우리는 무엇을, 누구를 신뢰하는가? 덧없이 사라지는 것이 아니라 영원한 존재를 믿어야 한다고 우리는 배웠다. 필요하다면 일시적인 것도 이해하고 활용해야 하지만 그런 것에 집착해서는 안 된다.

믿음은 산도 움직인다는 말이 있다. 믿음은 용기를 준다. 믿음은 새로운 영역을 찾아 나설 수 있게 해주고, 우리의 능력을 한층 북돋워주며, 더 큰 선을 위해 모험할 수 있게 해주고, 어려운 상황이 닥쳐도 이런 난관을 어떻게 극복해야 할지 알게 해준다.

1951년 2월 존 템플턴의 인생에 큰 비극이 찾아왔다. 그의 첫 부인이 교통사고로 세상을 떠난 것이다. 그와 함께 오토바이로 버뮤다를 여행하던 중에 닥친 일이었다.

템플턴은 회상한다. "나에게는 어린 세 자녀가 있었습니다. 나는 그들에게 필요한 어머니 역할을 어떻게 해야 할지 전혀 몰랐지만 해야만 했습니다. 더구나 하루 종일 아이들과 함께 있을 수도 없었습니다. 당시 나는 막 사업을 시작했고, 생활비를 벌기 위해 최선을 다해 일해야 했습니다."

바로 한 해 전인 1950년 가을 어머니가 돌아가셨던 터라 불과 몇 개월 만에 또다시 부인과 사별한 템플턴의 슬픔은 몇 배로 컸다. 6개월도 채 안 되는 사이 그의 인생에서 가장 소중했던 두 여인을 잃은 셈이었다. 그는 이 일을 계기로 그 이전 어느 때보다도 열심히 자신의 내면을 돌아보게 됐다.

그는 1958년 아이린 레이놀즈 버틀러와 재혼했다. 그녀는 템플턴이 자신의 종교적 신념에 매진하고, 정신적인 가치를 고양할 수 있도록 내조하는 데 최선을 다했다. 그는 사랑했던 두 사람의 죽음이라는, 인생에서 처음 맛보는 큰 시련에 직면했고, 하나님에 대한 믿음을 더욱 고양함으로써 이 도전에 맞섰다. 죽음 역시 우리가 부딪쳐야 하고, 극복해야 하고, 함께 해야 할 미개척 분야다.

1960년대가 시작되자 템플턴의 내면적인 삶과 직업적인 삶이 하나로 모아졌고, 그는 금세기 최고의 성공적인 투자가로 손꼽힐 수 있었다. 무엇보다 그가 시작한 뮤추얼펀드 그룹이 모두 좋은 실적을 냈다. 한 보험회사가 템플턴과 다른 7명이 갖고 있는 펀드 회사 지분을 사겠다고 제의해왔다. 그는 정신적인 일에 더 헌신하고 재정적인 지원을 할 때라는 생각이 점점 더 커졌다. 그리고 이런 기회는 그의 일 부담도 줄여주고, 종교에 전력을 기울일 수 있는 좋은 방안이기도 했다.

그는 이렇게 설명한다. "사업 초기에는 경제적인 측면에서 사람들을 돕기 위해 노력했습니다. 그러나 사람들이 정신적으로 성숙하도록 돕는 것이 훨씬 중요하다고 느끼기 시작했습니다."

템플턴 부부는 바하마를 영원한 삶의 터전으로 선택했다. 그곳은 아름다운 자연 속에서 영혼이 깊고 맑은 사람들과 함께 살 수 있는 곳이었고, 종교적인 공부와 연구를 하기에도 안성맞춤인 곳이었다. 그는 매주 30시간을 할애해 종교적인 일과 자선사업을 하기 시작했다.

좋을 때건 나쁠 때건 성공하겠다고 마음먹은 사람들은 새로이 개척하고, 마무리 짓고, 한층 발전시킬 만한 미개척 분야를 찾아나선다. 이들은 기꺼이 위험과 도전을 받아들인다. 위험과 도전을 통해 우리는 이 세상의 지혜를 얻을 수 있고, 정신적으로 더욱 강해질 수 있기 때문이다.

바하마에서 템플턴은 우리의 정신적 가치를 고양하기 위한 일을 했다. 그가 설립한 템플턴 재단은 바하마의 성직자들에게 바하마 현지와 뉴저지의 프린스턴 신학대학원에서 공부할 수 있도록 장학금을 주었다. 또 그의 어머니를 기리는 뜻에서 바하마에서는 첫 번째 신학 교육기관인 템플턴 신학대학원을 세웠다. 특히 매년 템플턴상 수상자를 바하마로 초청해 강의하도록 주선하고 있다.

템플턴상은 믿음을 실천하는 그의 삶이 그대로 배어있는 노력의 산물이다. 이 상을 통해 그가 꿈꾸는 궁극적인 목적이 달성돼 가고 있기 때문이다. 이 지구상의 모든 사람들이 전세계적으로 이뤄지고 있는 새로운 정신적 가치의 증진 방법을 배우고 이를 통해 삶의 풍요를 누리도록 돕는다는 게 그가 꿈꾸는 목표다. 이 같은 믿음을 감안하면 그의 가족 모두가 이 일을 함께 하는 것도 그리 놀라운 일이 아닐 것이다. 그의 부인과 다섯 명의 자녀, 그의 형 하비는 모두 템플턴 재단의 이사로 일하고 있다.

템플턴이 존 W. 갤브래이드, 토마스 L. 한스버거와 함께 운영하고 있는 투자자문 회사는 전세계적으로 수십억 달러의 자산을 주식시장에 투자하고 있는 50만 명 이상의 개인투자자와 기관투자가, 연기금펀드 등의 자산운용을 관리해주고 있다. 바하마 제도의 수도인 낫소에 본사를 두고 있는 이 회사는 런던 주식시장에 상장돼 있다.

미개척 분야는 미래를 향한 것이다. 성공하고자 마음먹은 사람은 변화를 달게 받아들이듯 미래도 적극적으로 맞는다. 진리는 무궁무진하다. 매일매일 새로운 분야가 나오고, 더 발전하고, 더 정교해진다. 이것은 우리의 기회가 더 커진다는 것을 의미한다. 그러나 먼저 열심히 노력하고 위험을 기꺼이 감수하겠다는 각오를 해야 한다. 개인적으로든, 사업에서든 우선 준비를 한 다음 과감히 도전에 맞서야 한다.

미래는 광활하며 우리를 흥분시키는 미답의 영역이라고 받아들인다면 성공을 향한 길목으로 접어들었다고 할 수 있다.

제20단계를 다 읽었다면, 이제 그 내용을 다시 한번 잘 떠올려본 다음 자신에게 질문을 던져보라.

1. 나는 변화에 개방적인가?

2. 나는 새로운 곳을 여행하기를 좋아하는가?

3. 나는 새로운 사람을 만나기를 좋아하는가?

4. 내 업무 효율을 높여주는 새로운 방식을 적극적으로 받아들이는 편인가?

5. 다른 사람들이 나를 개방적인 마음가짐을 가진 유연한 사람이라고 생각하는가?

6. 직업적인 삶과 정신적인 삶을 조화시키기 위한 시도를 해본 적이 있는가?

7. 어떤 난관에 부딪쳐도 이를 극복할 준비가 돼 있는가?

이 점을 명심하라. 자신을 키워가는 것에는 여러 형태가 있다. 모두가 다 중요하다. 다른 사람들에게 무엇을 줌으로써 자신을 키워갈 수 있다. 다른 사람을 이해하고, 다른 사람에게 감사함으로써 자신을 키워갈 수 있다. 새로운 미개척 분야를 찾아가면서 자신을 키워갈 수 있다. 이 모두가 더욱 행복하고 보다 성공적인 사람으로 성장하는 데 중요한 것들이며, 각각은 상호 보완적이다.

Step 21

해결책을 찾아라

Templeton Plan

성공이란 문제를 만드는 사람이 아니라 해결책을 구하는 사람을 찾아간다. 비즈니스의 세계만큼 이 말이 정확히 들어맞는 분야도 없다. 어느 직장에서든 최고경영자는 문제를 야기시키지 않고 적극적으로 해결책을 구하려 하는 사람을 더 높은 자리에 쓰려고 한다.

온통 문제만 안고 살아가는 사람은 자기 자신은 물론 다른 사람들에게까지 아주 좋지 않은 영향을 미친다. 이것은 우리가 살아가는 모든 분야에서 다 그렇다. 이런 사람은 긍정적인 면보다는 부정적인 면을 더 부각시킨다. 이런 사람들은 끊임없이 해결책을 찾음으로써 보다 건설적인 사고를 하는 방법을 배우는 게 필요하다.

성공하고자 마음먹은 사람이 맨 처음 찾아야 할 해결책은 바로 직업의 선택이다. 가장 현명한 방법은 자신이 전문가가 될 수 있는 분야를 선택하는 것이다. 누구나 어느 한 분야에서는 전문가가 될 수 있다.

자신의 능력이 어느 분야에서 더 뛰어난지 모르겠다면 다양한 적성 검사를 받아볼 수 있다. 선생님이나 친구들과도 상의해보고, 자신의 강점과 약점을 지적해 달라고 부탁할 수도 있다. 업종별 전화번호부를 갖다 놓고 한 페이지씩 넘겨가면서 어떤 직업이, 또 어떤 사업이 자신의 재능을 가장 잘 발휘할 수 있는지 가늠해볼 수 있다.

그러나 여기서 중요한 것은 자기 자신에 대한 평가를 하면서 부정적이거나 소극적인 자세를 가져서는 안 된다는 점이다. 자신이 아무런 재능도 없다고 속단하지 말라. 당신은 재능을 갖고 있다. 우리 모두 재능을 갖고 있다.

일단 어떤 분야에서 일을 하기로 결정했다면 다른 사람보다 열심히 일하고 공부해서 당신의 분야에서 최고가 될 수 있도록 하라. 오직 한 사람만이 최고의 정점에 오를 수 있다. 그러나 열심히 노력하면 우리 대부분은 상위 10% 안에 들 수 있고, 행복한 삶과 생산적인 삶을 누릴 수 있다.

다른 사람의 재능을 보며 시기한다면 참으로 안타까운 일이다. 이건 해결책을 구하는 것이 아니라 스스로 문제를 만드는 것이다. 어떤 길을 택했든, 일단 결정했다면 그것이 최선의 선택이었다고 생각하고 남을 시기하지는 말라. 당신이 선택한 분야에서 가능한 한 많은 것을 배우라. 끊임없이 실험하고 새로운 방법을 찾아보라. 당신의 분야에서 지식을 넓혀 미개척 분야에 도전하라.

어느 분야든 최고의 반열에 오르면 자신감을 갖게 된다. 그러나 이와 동시에 겸손함도 갖춰야 한다. 자신감을 가지면 다른 사람들로부터 신뢰를 얻게 된다. 성공이 스스로 커가면서 더 큰 성공을 낳게 되는 것이다.

때로는 한 분야에서 전문가가 됐는데 기술적인 변화나 갑작스러운 상황 반전으로 인해 당신의 일이 쓸모 없는 것이 돼버리는 경우가 있다. 이럴 때는 가능한 한 빨리 아직도 기회가 남아 있는 분야로 옮기는 것이 현명하다. 더 이상 빛을 발하지 못하는 자리에 머물러 있어서는 안 된다. 일자리를 잃었다면 마음을 열고 유연한 자세로 가능한 해결책이 무엇인지 찾아보아야 한다. 적당한 새로운 일자리를 찾는 것도 아주 중요한 일이다. 하루에 여덟 시간씩 일한다는 마음으로 여러 회사에 이력서를 보내고, 구인광고를 낸 회사와 접촉하고, 입사 면접을 본다면 그것이 해결책이 될 수 있다.

하지만 신에 대한 믿음이 없다면 진정으로 궁극적인 해결책을 구할 수 없다. 존 템플턴의 자녀들이 10대 청소년일 때 아버지로서 그가 자녀들에게 썼던 글은 음미해볼 만하다. 여기에 그 중 일부를 소개하겠다.

"어떤 사람들은 벌어놓은 재산을 믿고 의지하며 살아간다. 어떤 이들은 아름다운 미모를, 어떤 이들은 학식이나 체력을 믿고 자랑한다. 하지만 이런 것들이 전부인 양 살아간다면 너희들은 틀림없이 실망할 것이다.

이런 것들은 하나님께서 주신 것이지, 너희가 준 것이 아니다.

강인한 체력이건, 학식이건, 아름다움이건 모두가 더욱 겸손해지고 의무를 다하라고 하나님께서 주신 것들이다. 이것은 절대로 자랑거리가 될 수 없다. 어떤 사람은 이렇게 말한다. '이 돈은 내가 열심히 일해서 번 돈이야.' 이 말은 일부만 맞을 뿐이다. 과연 누가 이 사람에게 열심히 일할 수 있는 능력을 주었는가?

하나님께서 바로 이 능력을 주셨다는 점을 깨달아야 한다. 우리는 하나님으로부터 궁극적인 해결책을 구해야 한다. 하나님께서 추구하는 목적은 우리의 목적보다 훨씬 현명한 것이다. 과도한 근심과 걱정은 문제만 더 크게 할 뿐이다. 하나님께 기도와 감사로 문제를 해결해달라고 도움을 구하면 놀라운 해결책을 제시해 주신다.

나의 어머니께서는 오직 하나님만이 우리를 실수와 해악으로부터 보호해준다는 믿음으로 나와 내 형제들을 키우셨다. 어머니 혼자의 힘만으로는 그렇게 할 수 없었다. 한 가지 일화를 들려주겠다. 하루는 형제들과 함께 매우 위험한, 폭이 아주 좁은 강물을 카누를 타고 내려간 적이 있었다. 해는 떨어졌는데 카누가 침몰하는 바람에 집에 전화할 수도 없었다. 우리는 하는 수 없이 밤길을 네 시간이나 걸어가서야 집에 전화할 수 있었다. 어머니는 곧장 차를 몰고 오셔서 우리를 태워가셨다. 하지만 어머니는 전혀 걱정하지 않고 계셨다. 어머니는 우리가 하나님의 자손이며, 하나님께서 우리를 지켜보고 계신다는 사실을 알고 계셨다. 굳이 어머니가 노심초사할 이유가 없었던 것이다.

그 일이 있은 뒤 나는 어떤 문제에 대한 해결책이 필요할 때면 늘 하나님께 바른 길을 제시해달라고 기도를 드리고 난 다음 잠자리에 들 수 있었다."

어느 세대건 막대한 부를 축적한 매우 특별한 능력을 가진 사람이 있게 마련이다. 이런 사람은 가히 상상을 초월할 정도로 빠른 속도로 물질적인 재산을 벌어들이는 능력을 타고난 것처럼 보인다. 어쩌면 이보다 더 큰 재능을 타고났지만 그만한 부를 축적하지 못한, 상대적으로 덜 성공한 사람은 의아해 하며 이렇게 말할지도 모른다. "나는 성공의 정상에 설 만큼 재능이 없는 것일까? 나는 과연 우리 가족의 물질적인 안위를 지켜낼 만한 능력을 갖고 있으며, 해결책을 찾을 수 있는 것일까?"

존 템플턴 가족은 대공황이 정점에 달했던 1932년 경제적으로 심각한 지경에 이르렀다. 하지만 템플턴은 당시 가난한 환경에서도 마음속으로는 성공의 씨앗을 품고 있었다. 그는 이 씨앗을 계속 키워 마침내 어른이 됐을 때 투자 세계의 현인賢人으로 활짝 꽃피울 수 있었다. 그는 어떤 방식으로 해결책을 찾았을까?

결론부터 말하자면 템플턴이 경제적으로 성공할 수 있었던 비결은 아주 간단한 것이었다. 그는 경제와 역사를 아주 열심히 공부했다. 그는 성실히 일했고, 어떤 두려움도 없이 새로운 미개척 분야를 발견하고자 애썼다. 그 결과 스스로 해결책을 찾아냈고, 수십 년 동안 이 해결책을 갖고 고객들을 만나고 있다.

그가 1985년 토론토에서 열린 주주총회에서 행한 연설을 들어보자.

"대공황 시절 미국의 거의 모든 은행이 문을 닫았던 시절을 저는 아직도 생생하게 기억합니다. 그 중 3000여 곳은 다시 문을 열지 못했습니다. 당시에는 은행 예금을 정부가 보호하는 장치조차 없었습니다. 사회보장제도도 없었고, 고용보험이나 실업수당도 없었습니다. 은행이 파산하면 정부가 나서서 국민을 보호해야 한다는 개념조차 없었습니다.

이제 은행이 또다시 연쇄 파산할 가능성은 적습니다. 정부가 구제할 것이기 때문입니다. 하지만 우리가 지금까지 조사한 바로는 전세계 어느 곳에서든 정부가 은행 구제에 나서면 통화 증발을 통해 공적자금을 조성해야 한다는 것입니다. 이렇게 되면 인플레이션이 유발됩니다.

3000여 곳의 은행이 파산했던 1931년 당시를 되돌아보면 개인이 자산을 보호할 수 있는 방법은 돈을 그대로 현금으로 가지고 있는 것이었습니다. 그때는 물가가 떨어지는 디플레이션 상황이었기 때문입니다. 그런데 이제는 디플레이션보다 인플레이션을 더 걱정해야 합니다. 여러분의 재산을 인플레이션이라고 하는 문제로부터 보호하기 위해서는 은행예금이나 채권 같이 고정금액 자산에 투자해서는 안 됩니다. 생산성이 있는 자산의 소유권을 일부라도 가질 수 있는 데 투자해야 합니다. 그래야 현금의 구매력이 떨어지더라도 보유 자산의 가치는 커질 수 있습니다.

이런 투자 대상이 바로 주식과 부동산이라고 할 수 있습니다."

템플턴의 이 같은 말에는 전세계 모든 투자자들이 맞부딪치는 경제적인 문제에 대한 해결책이 제시돼 있다. 그는 이렇게 요약한다. "은행에 돈을 예치해둔 채 재산이 줄어드는 것을 그냥 바라보고 있어서는 안 됩니다. 당신의 돈이 당신을 위해 일할 수 있도록 하십시오. 뮤추얼펀드에 돈을 맡기거나 보통주를 매수하는 것은 기업을 사는 것입니다. 이렇게 함으로써 당신은 기업가가 되는 것입니다."

존 템플턴의 이 같은 가르침은 그의 내적인 열정과 인격적인 가치에 그대로 녹아있다. 그가 어떻게 해서 투자가로서 최고의 반열에 오를 수 있었는지 말해주는 것이라고 할 수 있다. 그는 자신이 쌓은 경제적인 부를 제대로 쓸 줄 안다. 그는 가족으로부터 유산을 받거나 경제적 도움을 받지 않은 자수성가한 인물이다. 그는 물질적인 부에 사로잡히는 위험을 누구보다 잘 알고 있었고, "성공을 통해 성공적으로 살아가는" 비결을 스스로 깨우쳤다. 사실 그의 삶은 경제적인 부를 통해 내적인 열정과 가치를 어떻게 넓혀가는가를 제시해주는 대표적인 사례라고 할 수 있다. 그는 비즈니스 세계에서 이뤄낸 성공과 강한 종교적 신념을 조화시키는 해결책을 스스로 찾아낸 셈이다.

그리스 신화에 나오는 미다스왕의 이야기를 보자. 어느 날 미다스왕이 숲의 신인 실레누스를 우연히 만나게 됐다. 실레누스는 술의 신이며 풍요의 신이기도 한 디오니소스의 친구이자 스승이었다. 실레누스는 술에 취해 미다스왕의 궁정을 거닐다가 길을 잃었는데 미다스왕이 구해준 것이었다. 디오니소스는 미다스왕이 자신의 친구를 구해준 것에 매우 고마워했고, 미다스왕에게 간절한 소망이 있다면 들어주겠다고 약속했다. 물질적인 부에 집착했던 미다스왕은 손을 대는 것은 무엇이든 황금으로 변하게 해달라고 말했다.

그의 소망은 이뤄졌다. 하지만 문제가 생겼다. 그가 손을 대는 것은 무엇이든, 어떤 예외도 없이 황금으로 변해버린 것이다. 심지어는 물과 음식조차 황금으로 변했다.

다행히 미다스왕은 디오니소스에게 돌아가 마법의 힘을 없애달라고 부탁했고, 이 마법은 풀렸다. 하지만 그는 단 한 번뿐인 소중한 바람을, 그 결과도 생각해보지 않은 채 물질적인 부만 쌓을 요량으로 헛되이 써버리고 만 셈이 됐다.

성공한 사람에게 경제적인 부란 단순히 쌓아놓는 것 이상의 목적을 갖고 있다. 이런 목적이 없으면 물질적인 부는 균형을 잃고, 그 소유자를 배신하고, 결국에는 파멸시키게 된다.

물질적인 부가 부정적인 요인이 됐던 미다스왕과는 달리 템플턴은 돈 "문제"에 대해 아주 긍정적인 해결책을 제시한다. 그는 자신의 경제적 이익을 다른 사람을 위해 쓰고자 한다. 경제적 성공에 대한 그의 이 같은 자세는 신탁자라는 믿음에서 나온 것이다. 우리가 가진 것은 결코 우리의 것이 아니라 전인류의 선을 위해 맡겨진 것이라는 믿음이다.

존 템플턴은 경제적으로 큰 재산을 모았다는 사실에 만족해 한 적이 없다. 그는 여전히 열심히 일하고, 끊임없이 공부하고, 늘 남을 사랑하고, 남에게 줄 수 있게 해달라고 기도한다. 이런 점이 그가 성공할 수 있었던 요인이다. 오랜 세월에 걸쳐 그는 원대한 목표와 높은 기준을 유지할 수 있었다. 그렇게 할 수 있었던 이유는 그것이 바로 인간의 근원과 영혼을 찾기 위한 것이고, 하나님의 사랑과 이해를 구하기 위한 것이기 때문이다.

그곳에 그의 성공이 있었네.

당신의 성공도 그곳에 있을 것이네.

제21단계를 요약해보자.

 ....

1. 문제를 만드는 사람이 아니라 문제를 해결하는 사람이 되어
   야 한다.

2. 직업을 선택할 때는 당신이 전문가가 될 수 있는 기회가 있는
   지 살펴보라.

3. 더 이상 유용하지 않은 일자리에는 머물지 말라. 하루빨리 직
   업적으로 가능한 해결책이 무엇인지 찾아 나서라.

4. 도저히 혼자 힘으로는 풀기 힘든 문제에 부딪쳤다면 하나님께
   길을 알려달라고 기도하라.

5. 미다스왕의 이야기를 떠올려보라. 돈은 그 자체로 목표가 될
   수 없다. 목표에 이르기 위한 수단일 뿐이다.

6. 경제적인 이익을 남을 돕는 데 사용하라.

제21단계에서 배운 가르침의 밑바탕은 성공을 통해 성공적으로
살아갈 수 있다는 점이다. 위에 열거한 여섯 가지 항목을 따르면
당신이 쌓은 경제적인 부가 그 많고 적음에 관계없이 당신의 내적
인 열정과 가치를 충분히 넓혀줄 것이다.

템플턴 플랜 요약

이제 21단계로 구성된 템플턴 플랜을 되돌아보자. 성공으로 뻗어 있는 길을 나아가면서 필요한 좌표를 지도 위에 하나씩 찍어나가 듯 독자들은 여기 소개된 정신적인 이정표들을 하나씩 정리해보기 바란다.

서문에서는 동기부여에 대해 설명했다. 성공하는 사람들은 도덕적으로, 또 신앙이라는 측면에서 확고한 믿음을 갖고 자신의 전력을 기울인다는 점을 배웠다. 우리가 진정한 성공과 행복하고 풍요로운 삶을 지향하면서 정신적으로 확고한 가치관을 갖는다면 무척 큰 도움이 된다. 이것은 존 템플턴이 성공한 사람들과 함께 오랫동안 일하면서 검증한 분명한 믿음이다.

정신적인 원칙을 따르는 리더는 다른 사람들에게도 열정을 불어넣어 준다. 이들은 사업도 원활하게 잘 돌아가게 만든다. 이들을 위해 일하는 직원들은 애사심이 강하다. 이들 가운데는 존 템플턴처럼 사업상 회의를 하면서 처음과 마지막에 기도를 하는 경우도 있다. 이런 지도자들은 자신이 대접받고 싶은 것처럼 직원 각자를 대한다.

당신의 기본적인 가치관이 깊은 신앙심에 바탕을 두고 있다면 경제적인 성공이 더 가까워질 수 있다는 게 존 템플턴의 생각이다.

제1단계에서 설명했듯이 삶의 규범을 배우고 실천하는 것은 매우 중요하다. 삶의 규범 가운데서도 특히 진실함, 불굴의 의지, 삶을 기쁨으로 받아들이는 자세, 열정, 겸손, 이타심이 그렇다.

성공하고자 하는 사람은 무엇보다 먼저 이런 삶의 규범들을 반드시 지켜야 한다. 이 규범들을 자신의 행동 기준으로 정해 실천한다면 완전한 인간으로 성장해가게 될 것이다. 또 아무런 대가도 바라지 않고 남에게 주는 법과 어떤 두려움도 없이 다른 사람들을 사랑하는 법을 배우게 될 것이다. 삶의 규범을 따르면 당신이 어떤 일을 하든 성공할 가능성은 훨씬 더 커질 것이다.

당신이 갖고 있는 것을 제대로 활용하기 위해서는 매일 새로운 무엇인가를 배우는 것이 중요하다. 제2단계에서 보여주듯이 우리는 평생에 걸쳐 배우기 위해 노력해야 한다. 매일같이 오늘 하루의 생활을 되돌아보며 무엇을 배웠는가를 떠올려본다면, 고등학교 졸업 후 책을 단 한 권도 읽지 않았다는 존 템플턴의 친구처럼 되어서는 안 되겠다는 생각이 분명해질 것이다.

우리는 부단히 읽고, 배우고, 또 새로운 생각과 느낌을 경험해 봐야 한다. 가능한 한 어린 나이에 독립하고자 힘써야 한다. 다른 사람들을 잘 관찰해야 한다. 다른 사람들의 말을 경청해야 한다. 가진 지식이 얼마가 됐든 이를 최대한 활용해야 한다. 태어날 때 부터 모두가 똑같은 능력을 지닌 것은 아니다. 그러나 가진 능력을 지혜롭게 잘 활용한다면 누구나 성공과 행복에 다다를 수 있다.

제3단계에서는 자기 자신을 돕는 최선의 방법은 바로 다른 사람을 돕는 것이라는 점을 배웠다. 자신을 위해서는 물론 다른 사람을 위해 자신이 갖고 있는 재능을 정말 현명한 방식으로 쓰고 있는지 스스로 물어봐야 한다. 당신이 하고 있는 일이 적어도 당신이 아닌 다른 한 명의 사람에게라도 도움을 주고 있는지 자문해봐야 한다.

존 템플턴은 마태복음에서 소개하고 있는 달란트를 받은 하인들의 우화에서 많은 것을 배웠다. 하나님은 우리 모두에게 저마다의 재능을 주셨고, 각자가 자신의 재능을 마음껏 발휘하기를 바라신다. 우리는 자신이 지닌 재능으로 아름다움을 만들어낼 수 있다. 다른 사람을 도울 수도 있다. 이 세상에서 영원히 사라지지 않을 제품을 만들 수도 있다. 그 중에서도 최선의 일은 다른 사람이 자신의 능력을 발견하고 이를 더 키워나갈 수 있도록 도와주는 것이다.

제4단계에서는 우리 각자가 생각하고 있는 중요한 덕목을 하나씩 나열해보고, 각각의 가치를 매겨보았다. 성공하는 사람은 스스로 중요하다고 여기는 덕목을 의식하면서 살아간다. 이런 덕목

가운데는 친절, 정직, 용기, 충성심, 야망 등이 있을 것이다. 이런 덕목 중에서도 어느 한 가지, 예를 들어 정직을 가장 중시한다면 그것은 당신 자신의 성격을 그대로 반영하는 것이다. 모든 덕목을 실천하는 것이 중요하지만 이 같은 덕목이 우리 삶에서 무엇을 의미하는지 아는 것 역시 중요하다.

성공한 사람들은 애써 행복해지려고 노력한다고 해서 행복해지는 것이 아니라는 사실을 잘 알고 있다. 우리가 제5단계에서 발견했듯이 행복이란 우리가 하는 모든 것이 쌓여 이뤄지는 것이라는 참으로 귀중한 가르침을 이들은 알고 있다. 다른 사람을 즐겁게 해주면 당신도 즐거워진다. 행복과 성공은 주는 것이지 받는 것이 아니다. 행복과 성공은 생산하는 것이지 소비하는 것이 아니다. 그러므로 끊임없이 자기 자신의 새로운 목표를 세워나가라. 늘 적극적인 자세를 가져라. 당신이 굳이 행복을 구하지 않고, 오히려 행복을 주고자 한다면 행복이 당신을 찾아올 것이다.

제6단계에서는 부정적인 상황 속에서도 어떻게 하면 긍정적인 면을 찾아낼 것인지, 또 다른 사람들과 조화를 이루며 어떻게 생산적인 변화를 이끌어낼지에 대해 여러 사례를 제시했다. 다른 사람들에 대한 험담을 피하고, 굳이 서로를 비교하지 말고, 힘을 북돋워주는 문학작품을 많이 읽고, 하루하루를 새로운 시작으로, 새로운 모험으로, 인생론의 한 장으로 받아들이는 것이 중요하다. 긍정적인 면을 찾아내는 것은 미래를 바라보는 우리의 시각을 결정할 수 있다. 반쯤 차 있는 컵을 바라보면서 그래도 절반은 꽉 차 있다고 생각해야지, 이미 반이나 비었다며 부정적으로 생각해서는 안 된다.

제7단계에서 배웠듯이 자신의 일에 전부를 투자하는 것은 우리 인생의 진수眞髓라고 할 수 있다. 무슨 생각을 갖고 있든 최선을 다해 실행에 옮기지 않는 한 단지 생각에 그칠 뿐이다. 자신의 전부를 다 바쳐 일에 투자하는 사람은 어떤 문제에 부딪쳐도 이를 기회로 만든다. 이런 사람은 어디를 가든 항상 읽을거리를 가지고 다니며, 짬이 날 때면 떠오르는 생각을 기록하기 위해 녹음기를 갖고 다니기도 한다. 이런 사람은 지금 하고 있는 일을 모두 마칠 때까지 당장 즐기고 싶은 것을 미뤄둘 줄도 안다.

제8단계에서는 우리가 무슨 일을 하든 처음부터 끝까지 행운이 따라주는 일은 일어날 수 없다는 사실을 분명히 알았다. "행운"이란 주도 면밀한 계획과 불굴의 의지, 적절한 상상력으로 만들어가는 것이다. 우리가 행운이라고 부르는 것은 한마디로 활용 가능한 모든 선택방안을 다 쓸 수 있도록 하는 것이다.

늘 준비된 자세로 자신에게 주어진 일은 완벽하게 끝내고, 진정으로 가치 있는 목표를 지향해야 한다. 그러면 카지노 도박판에서나 노리는 따위의 요행과는 전혀 다른, 한평생 함께할 수 있는 "행운"을 갖게 될 것이다.

제9단계에서는 성공과 행복을 가져다 주는 두 가지 열쇠에 대해 살펴보았다. 정직과 불굴의 의지가 그것이다. 성공하고자 하는 사람은 한번 시작한 일은 반드시 끝낸다. 이런 사람은 사업상의 모든 관계를 신성한 신탁으로 여긴다. 약속한 것은 반드시 주며, 얕은 수는 절대로 쓰지 않는다. 스스로 정직과 불굴의 의지라는 덕목에 투자하면 다른 사람들도 당신에게 투자하고자 할 것이다.

시간의 노예가 아니라 시간의 주인이 된다는 것은 다른 사람을 우선하는 것이라는 점을 제10단계에서 배웠다. 기꺼이 남을 위해 행동하는 것은 남에 대한 배려며 겸양의 자세다. 그것이 바로 비즈니스다.

성공하고자 한다면, 무슨 일이든 다음으로 미루는 습관은 당장 버려야 한다는 점을 배워야 한다. 성공하는 사람은 오늘 할 수 있는 일은 반드시 오늘 하며 내일로 미루지 않는다. 미루다 보면 내일은 다음주가 되고, 다음달이 되고, 어쩌면 영원히 못할지도 모른다. 성공하는 사람은 오늘 할 수 있는 일이라면 어떤 식으로든 오늘 일정에 포함시켜 깨끗이 완수하고자 한다. 내일 역시 그날 안에 처리해야 할 새로운 일과 도전이 있을 것이라는 사실을 잘 알고 있기 때문이다.

존 템플턴은 제11단계에서 설명한, 그가 "마지막 땀 한 방울의 교훈"이라고 부르는 원칙을 실천해왔다. 어느 정도 성공한 사람이나 눈부실 만큼 대단한 성공을 거둔 사람이나 일하는 양은 비슷하다는 점을 그는 젊었을 때 깨달았다. 사실 이들이 기울인 노력의 차이는 미미한 것이었다. 그러나 그 결과는 매우 컸다. 바로 마지막 땀 한 방울을 더 쏟았느냐, 아니냐의 차이였다. 성공하고자 하는 사람은 다른 사람보다 한 방울의 땀을 더 흘린다. 그들이 거둔 성공은 이렇게 쏟은 땀 한 방울에서 나온 것이다.

그러므로 당신 역시 필요한 이상의 노력을 조금 더 해야 한다. 다른 사람보다 조금이라도 더 주어야 한다. 그 결과 당신이 하는 일의 성과는 더 커지고, 수준은 더 높아질 것이며, 직무를 수행하는 당신의 평판 역시 더 좋아질 것이다.

제12단계에서 살펴보았듯이 검약은 성공과 행복을 이루는 결정적인 요소다. 낭비하지 않고 지혜롭게 저축하는 사람은 어지간해서는 남에게서 돈을 빌리지 않는다. 과다한 부채가 얼마나 무서운 것인지 분명히 알아야 한다. 경제위기라도 닥쳐오면 부채가 많은 사람이 제일 먼저 파산한다. 검소한 사람은 우선 지출 계획을 세우고, 이를 철저히 지켜나간다. 월급이 얼마든 반드시 일부를 저축한다. 무슨 물건을 사든 금액에 상관없이 가장 싸게 파는 곳을 찾는다. 충동구매를 하는 경우는 없고, 항상 충분히 생각하고 난 다음 물건을 구입한다.

제13단계에서는 꾸준히 앞으로 나아가는 방법에 대해 배웠다. 발전의 열쇠는 변화다. 이런 변화는 지식에 의해 뒷받침되고, 충분히 이해할 수 있는 것이다. 성공하는 사람은 새로운 시도를 두려워하지 않는다. 토마스 애디슨의 말은 그런 점에서 음미해볼 만하다. "우리가 20년 전에 했던 방식과 똑같이 일하고 있다면, 분명히 더 나은 방법을 찾아낼 수 있을 것이다." 기꺼이 자신이 과거에 쌓았던 업적을 능가하기 위해 더욱 분발해야 한다. 자기 내면의 기업가 정신을 과감히 일깨워 자기 분야에서 가장 분별력이 뛰어나고 가장 창조적인 인물이 될 수 있도록 부단히 노력해야 한다.

제14단계의 주제는 효과적인 행동을 위해 자신의 생각을 절제하는 것이었다. 성공과 행복을 이뤄낸 사람들은 자신의 생각을 절제하는 방법을 잘 알고 있다. 존 템플턴의 말을 들어보자. "생각을 절제하면 당신의 마음속에는 무성한 잡초 대신 말할 수 없이 아름다운 꽃들이 만발할 것입니다."

사고의 절제를 위해서는 "몰아내기" 방법이 필요하다. 마음속으로 한결같이 긍정적이고 생산적인 생각만 함으로써 부정적인 생각은 들어설 틈을 주지 않는 것이다. 이 방법을 활용하면 마음이 맑아지고, 목표 지향적으로 사고하게 되고, 어떤 문제에 부딪치든 "할 수 있다"는 자세로 접근하게 된다. 이 점을 명심하라. 당신은 당신이 무엇을 생각하느냐에 달려있다.

제15단계는 우리 삶에 꼭 필요한 영양분인 사랑을 주제로 했다. 적을 사랑하고 이해하는 것이 중요하다는 건 이미 알고 있다. 나를 사랑해주는 사람을 사랑하는 것은 쉬운 일이다. 적을 사랑하기는 어렵다. 그러나 예수가 우리에게 강조한 사랑은 이것이었다. 우리는 또한 자기 자신을 사랑해야 한다. 자기 자신에 대한 사랑은 다른 사람으로 퍼져나가고, 이 사랑은 다른 사람들이 우리에게 가져다 주는 사랑을 통해 다시 우리에게 돌아온다. 비즈니스로, 혹은 개인적으로 만나는 모든 사람과의 관계에서 친절함과 인내심을 가짐으로써 우리는 누구나 갖고 있는 인간애를 만날 수 있다.

제16단계에서는 신념의 힘을 최대화하는 방법에 대해 공부했다. 포도밭 일꾼들의 일화를 통해 우리는 다른 사람에게 주어진 행운에 대해 불평해서는 안 된다는 교훈을 얻었다. 오히려 다른 사람의 행운을 함께 기뻐해야 하고, 그 자리에서 우리의 즐거운 마음을 표현할 수 있어야 한다. 우리의 신념이 강하면 행복과 성공을 향한 우리의 앞날도 훨씬 밝아진다는 사실을 배웠다.

제17단계에서는 성공과 행복을 이룬 사람들의 삶에서 기도가 얼마나 중요한 것인지 강조했다. 기도를 드림으로써 우리는 불필요한 논쟁이나 쓸데없는 불평을 하지 않을 수 있다. 기도를 드림으로써 우리는 행동에 더욱 책임을 느끼고, 열린 마음으로 맑은 사고를 할 수 있다. 기도를 드림으로써 우리는 진정으로 자신을 낮출 수 있고, 우리가 하나님이 창조한 이 우주의 극히 작은 부분이라는 사실을 깨닫고, 하나님의 뜻과 조화를 이루며 살아갈 수 있다.

기도를 통해 하나님과 하나가 되고자 진실되게, 또 깊이 노력한다면 살아가면서 행하는 모든 일이 더 잘 될 것이며, 성공이 우리를 찾아올 것이다.

제18단계에서는 삶의 한 방식으로서 주는 것의 중요성에 대해 배웠다. 템플턴에게 준다는 것은 기도를 드리는 데 따른 자연스러운 부산물이다. 자선단체에 기부해야 한다. 도움을 주어야 한다. 용기를 북돋아 주어야 한다. 진심으로 도움이 되는 조언을 해주어야 한다. 우리의 능력과 지식, 우리가 거둔 물질적 성공은 모두 축복받은 것이며, 어떤 형태로든 인류에 보탬이 될 수 있도록 되돌려져야 한다.

제19단계에서는 우리 인생에서 성공과 행복을 이루는 데 겸손한 자세가 얼마나 중요한지에 대해 살펴보았다. 주변에서 일어나고 있는 수많은 신비한 일들을 겪을 때마다 경외심과 함께 스스로 깨달아야 한다. 존 템플턴은 말한다. "우리를 창조하시고, 영겁의 시간에 걸쳐 이 우주의 발전과 진보를 관장하신 하나님께서는 우리 세대를 결코 이 같은 창조적 발전의 마지막 단계에 두지 않으셨습니다. 그 분께서는 우리를 새로운 시작 단계에 두셨습니다. 우리는 지금 미래를 향하고 있는 것입니다."

성공하기 위해서는 우리의 영혼을 새롭게 하고 창조주에게 더 가까워지도록 해야 한다. 다른 사람들에게 감사해야 한다. 어떤 상황에서든 신에 대한 믿음을 가져야 한다. 겸손한 마음을 가져야 한다. 진정으로 자신을 낮춤으로써, 또 하나님과 인류에 대한 사랑을 통해 우리는 어디서든 자신을 발전시켜나갈 수 있는 것이다.

어떤 경험이든 기꺼이 해보겠다는 자세만 있다면 누구나 새로운 미개척 분야를 발견할 수 있다. 제20단계에서는 미개척 분야를 두려워하지 말고 기쁘게 맞으라고 가르친다. 성공하고자 하는 사람은 자기 자신을 믿어야 한다. 왜냐하면 미개척분야는 바로 자신의 내면에 있기 때문이다. 이런 사람은 정신적으로 깊은 믿음을 가지고 있고, 이 믿음은 새로운 경험과 도전을 받아들이는 데 힘이 된다. 좋을 때건 나쁠 때건 두 팔 벌려 미래를 맞는다. 성공과 행복을 지향하는 사람에게 미래는 미답의 영역이고 흥미진진한 장이다. 이들은 열정을 갖고 미개척 분야로 전진해 나간다.

문제를 만드는 사람이 아니라 문제를 해결하는 사람이 되어야 한다. 이 점을 제21단계에서 배웠다. 부정적으로 생각하는 사람은 문제에만 집착하는 반면, 적극적인 사고를 가진 사람은 해결책을 구한다. 삶이 계속되는 한 문제의 해결은 반드시 필요한 기술이며, 이런 기술을 창조적으로 실천하는 사람이 되는 게 중요하다.

직업을 구할 때는 스스로 힘차게 뻗어나갈 수 있는 분야를 택하라. 도저히 해결하기 힘든 문제에 부딪치면 하나님께 길을 제시해 달라고 기도하라. 부단히 창조적인 해결책을 구한다면 성공을 통해 성공적인 삶을 살아갈 방법을 배울 수 있다는 점을 명심하라.

성공을 통해 성공적인 삶을 살아간다는 것은 궁극의 경지에 오른 인간만이 찾을 수 있는 최후의 해답일지 모른다. 존 템플턴은 자신이 이룬 경제적인 부에 만족한 적이 없다. 그는 사랑하고, 또 줄 수 있게 해달라고 기도했다. 오랜 세월 그는 하나님에 대한, 또 하나님의 자손으로서 우리 인류에 대한 사랑과 이해를 구했다. 진정으로 위대한 부를 얻을 수 있는 해답은 주는 것이다. 무지에서 벗어나기 위한 해답은 배우는 것이다. 그릇된 사고와 부정적인 자세를 던져버릴 수 있는 해답은 사랑을 실천하는 것이다.

존 템플턴은 자신이 성공과 행복을 이룰 수 있었던 삶의 계획을 이렇게 요약한다.

"스물한 가지 원칙은 단지 임의의 숫자입니다. 삶의 규범에 수백 가지가 있듯 성공과 행복을 향한 길 위에도 수백 가지의 원칙이 있을 것입니다. 하지만 여기 소개한 21가지 원칙은 하나하나가 다 유익한 것들입니다. 나 자신이 실천해보았고 매우 좋은 결과를 얻은 것들입니다. 나의 삶에 도움을 주었다면 독자 여러분에게도 도움이 될 것이라는 즐거운 확신과 함께 여기 제시하는 것입니다.

살아 숨쉬는 매일매일, 매 순간마다 스물한 가지 원칙을 따르고자 노력한다면 충분한 가치가 있을 것입니다. 하나하나의 원칙들은 나를 보다 나은 인간으로 만들어 주었습니다. 이런 원칙들을 따르지 않았다면 그렇게 될 수 없었을 것입니다. 우리 모두는 하나님께서 창조하셨습니다. 우리는 실패할 수 있고, 늘 실수를 저지릅니다. 내적으로 성장하기 위해서는, 또 인간으로서의 잠재력을 충분히 발휘하기 위해서는 누구든 가르침과 도움을 받아야 합니다. 나는 이 책에 소개된 스물한 가지 원칙을 배운 것이 정말 다행이었다고 생각합니다. 이 원칙들을 배움으로써 나의 사업과 내 개인적인 삶 모두 큰 도움을 받았습니다.

여러분과 여러분의 자녀, 그리고 그들의 자녀까지 스물한 가지 원칙을 배움으로써 더 행복해지고, 성공을 이루고, 이 세상에 꼭 필요한 사람이 될 수 있기를 소망합니다."

역자 후기

"아, 이 책을 좀더 일찍 읽었더라면……" 이런 아쉬움이 남는 책이 있다. 이 책이 그랬다.

처음에는 그저 존 템플턴이 쓴 책이라 집어 들었다. 월스트리트에서 가장 존경 받는 인물이 인생에 대해, 행복에 대해, 성공에 대해 과연 어떻게 말하고 있을지 궁금했다. 그리 두툼하지 않은 책의 분량과 쉽게 풀어 쓴 내용도 이 책을 집어 들게 한 이유였다.

템플턴은 이 책에서 소개하고 있는 스물한 가지의 원칙을 하루에 하나씩 읽고 실천해보라고 했다. 그러면 3주가 걸린다. 솔직히 이 정도 두께의 책이라면 며칠이면 충분히 읽을 것이라고 생각했다. "실천은 그 다음 문제지." 뭐, 이런 생각으로 읽기 시작했다.

그런데 한 장 한 장 읽어갈수록 이 책의 깊이가 느껴졌다. 가슴을 치는 무언가가 있었다. 자꾸만 내 인생을 되돌아보게 되고, 지나간 날들이 떠올랐다. 마치 템플턴이 나를 향해 말하고 있는 것 같았다. 새삼 이 책은 단순히 '읽는' 책이 아니라 '느끼는' 책이라는 사실을 알게 됐다. 템플턴도 강조하고 있듯이 단순히 읽기만 해서는 안 된다. 자신의 삶에 실제 적용해야 하고, 하루하루 실천해야 한다.

나의 경우 매일 아침 일어나서 나에게 주어진 다섯 가지 축복을 떠올려 보는 일을 가장 먼저 실천해봤다. 양치질하면서, 샤워하면서, 옷을 갈아입으면서 오늘 이렇게 하루를 시작할 수 있도록 해주신 데 대해 감사하고, 내가 받은 축복을 한 가지씩 떠올렸다. 출근길에 다시 한번 찬찬히 생각해보면 다섯 가지가 아니라 열 가지는 족히 넘었다. 참으로 감사해야 할 일이 많다는 사실이 놀라울 정도였다. 감사하는 마음과 함께 하루를 시작하니 기분도 좋아졌고, 힘이 더 솟는 것 같았다.

이 책에서 템플턴이 전해주는 가르침은 이처럼 잔잔하면서도 절실하고, 마음만 먹으면 누구나 실천할 수 있다. 소중한 것부터 먼저 하고, 일에 나의 전부를 투자하고, 시간을 제대로 활용하고, 마지막 땀 한 방울을 더 쏟고, 꾸준히 더 나아지도록 노력한다면 템플턴의 말처럼 성공을 향해 나아가게 될 것이다. 삶이란 주는 것이라고 생각하고, 다른 사람을 도움으로써 스스로를 돕고, 부정적인 데서 긍정적인 것을 찾아내고, 지금 내가 하고 있는 일에서 행복을 찾는다면 행복은 저절로 나를 향해 다가올 것이다.

사실 존 템플턴의 성공 스토리에 대해서는 어느 정도 알고 있었다. 하지만 이 책을 읽으면서 "그것이 아니었구나"하는 생각을 몇 번이나 해야 했다. 가령 템플턴의 첫 번째 투자 성공 사례라고 할 수 있는 '1달러 미만 주식 매수'의 경우 워낙 많이 알려진 일이었고, 나 역시 그저 저가주 사냥이 운 좋게 들어맞은 정도로만 알고 있었다.

그러나 이 책을 읽고 나서 내 생각이 얼마나 잘못된 것이었는지 깨달을 수 있었다. 우선 템플턴은 단순히 저가주를 매수한 것이 아니었다. 그가 주식을 매수한 시점은 미국의 제2차 세계대전 참전이 불가피해졌던 1939년 9월이었다. 전시에는 전쟁 수요의 폭발로 2~3류 기업들도 이익을 낼 수 있다는 선견지명이 있었다. 앞서 2년 여에 걸쳐 1달러 미만 주식들의 주가 흐름을 충분히 분석해놓은 상태였다.

이런 철저한 사전 조사와 통찰력이 있었기에 그가 주문한 1달러 미만 주식 가운데 37개 종목이 이미 부도를 낸 상태였지만 끝내 대단한 성공으로 귀결될 수 있었던 것이다. 역시 행운은 근면과 적절한 계획, 철저한 준비를 통해 스스로 얻는 것이지, 결코 남이 가져다 주는 것이 아니었다.

게다가 자신의 실수에 대한 템플턴의 회고는 그의 겸손한 성격을 잘 말해준다. 12센트에 매수한 철도주가 5달러에 이르자 팔았는데, 나중에 이 주식이 105달러까지 치솟았다는 얘기였다. 누구나 실수를 저지르며 템플턴 역시 예외가 아니라는 사실은 이 책의 독자들에게 위안이 될 것이다.

맨 처음 이 책을 읽으면서 번역하겠다는 생각을 가진 것은 아니었다. 앞서 번역했던 《존 템플턴의 영혼이 있는 투자》와 마찬가지로 가벼운 마음으로 읽었는데, 내용에 이끌려 번역까지 하게 됐다. 한 가지 덧붙여야 할 게 있는데, 이 책은 존 템플턴이 제임스 엘리슨에게 구술한 것으로 저자는 당연히 템플턴이라는 점이다. (원서에도 As described by John Templeton to James Ellison으로 돼 있다.)

아무튼 2003년 초봄에 처음 번역해 펴낸 《템플턴 플랜》을 16년이 지나 오늘의 언어 감각에 맞춰 개정판을 내놓는다. 초판 번역본에 있던 탈오자 몇 개를 바로잡는 데 그치지 않고, 다시 번역한다는 마음으로 한 문장 한 문장 꼼꼼히 들여다 봤다. 표현이 생경하거나 어색한 부분이 의외로 많은 것을 발견하고는 새삼 역자의 부족함을 절감해야 했다. 하지만 개정판을 통해 독자들에게 보다 읽기 쉬운 번역서를 제공할 수 있고, 무엇보다 내가 정한 번역자의 책무를 아쉬움 없이 다했다는 점에서 후련함을 느낀다.

템플턴도 지적하고 있지만 행복과 성공, 보람 있는 삶을 살아가는 데 무엇이 가장 중요한 원칙인지는 스스로 결정해야 한다. 이 책을 읽는 독자 모두 템플턴이 제시한 스물한 가지 원칙과 마찬가지로 각자의 '성공과 행복을 향한 플랜'을 만들어갈 수 있다고 믿는다.

2019년 12월
박정태